마틴 루서 킹, 나에게는 꿈이 있습니다

역사를 바꾼 인물들은 도전과 열정으로 역사를 바꾼 인물들의 일생을 만날 수 있는 시리즈로 아이들의 마음밭에 내일의 역사를 이끌어 갈 소중한 꿈을 심어 줍니다.

역사를 바꾼 인물들 10

마틴 루서 킹, 나에게는 꿈이 있습니다

초판 1쇄 2016년 7월 5일 | **초판 3쇄** 2022년 11월 5일
지은이 이지수
그린이 김주경
펴낸이 신형건
펴낸곳 (주)푸른책들 · **임프린트** 보물창고
등록 제321-2008-00155호
주소 서울특별시 서초구 양재천로7길 16 푸르니빌딩 (우)06754
전화 02-581-0334~5 | **팩스** 02-582-0648
이메일 prooni@prooni.com | **홈페이지** www.prooni.com
인스타그램 @proonibook | **블로그** blog.naver.com/proonibook

ⓒ (주)푸른책들, 2016

ISBN 978-89-6170-552-3 74990

＊잘못된 책은 구입한 곳에서 바꾸어 드립니다.
＊이 책 내용의 일부 또는 전부를 재사용하려면 반드시 저작권자와
(주)푸른책들 양측의 서면 동의를 얻어야 합니다.

이 도서의 국립중앙도서관 출판시도서목록(CIP)은 서지정보유통지원시스템 홈페이지(http://seoji.nl.go.kr)와 국가자료공동목록시스템(http://www.nl.go.kr/kolisnet)에서 이용하실 수 있습니다.
(CIP제어번호 : CIP2016012146)

보물창고는 (주)푸른책들의 유아, 어린이, 청소년 도서 임프린트입니다.

(주)푸른책들은 도서 판매 수익금의 일부를 초록우산 어린이재단에 기부하여 어린이들을 위한 사랑 나눔에 동참합니다.

마틴 루서 킹,
나에게는 꿈이 있습니다

이지수 글 | 김주경 그림

보물창고

■ 글쓴이의 말

끝나지 않은 평등의 꿈

　요즘은 어른들도 뉴스를 보기가 겁이 납니다. 신문을 펼치기도 무섭고요. 전 세계에서 크고 작은 폭력과 싸움이 끊이지 않고 있거든요. 그중 가장 무서운 것은 이유 없는 차별입니다. 잘못한 것도 없는데 피부색이나 성별, 국적 등 타고난 조건으로 차별당한다면 얼마나 괴로울까요?
　불과 50년 전만 해도 미국의 백인들은 흑인들을 가혹하게 차별했습니다. 아프리카에 살던 흑인들의 조상이 노예로 끌려왔기 때문이었어요. 이미 오래 전에 미국 대통령 에이브러햄 링컨이 노예 제도라는 나쁜 법을 없앴는데도 차별은 계속되었지요.
　그러던 중 마틴 루서 킹 목사가 나타났습니다. 그리고 '나에게는 꿈이 있습니다'라는 연설로 전 세계를 감동시켰어요. 그의 꿈은 바로 모든 사람들이 어떤 차별도 없이 자유롭게 살아가는 것이었습니다. 마틴 루서 킹은 폭력 없는 평화로운 투쟁으로 흑인들의 인권을 되찾았습니다. 그 공로로 1964년 노벨 평화상을 받기도 했습니다.

  마틴 루서 킹의 꿈이 세계인의 마음속에 심긴 지 60여 년이 지났습니다. 그동안 미국에서는 흑인 대통령이 뽑혔고, 피부색에 따라 차별하던 법도 사라졌습니다. 그러나 아직도 세계 곳곳에는 차별과 억압으로 고통받는 사람들이 너무나 많습니다. 이제는 우리가 마틴 루서 킹 목사의 꿈을 이어받아 남아 있는 차별에 맞서 싸울 차례랍니다. 마틴 루서 킹 목사의 일생을 살펴보면서, 그가 외쳤던 꿈이 여러분의 마음속에도 깊이 자리 잡았으면 좋겠습니다.

-2016년 여름 이지수

차례

1. 나에게는 꿈이 있습니다 • 9
2. 처음 겪은 차별 • 16
3. 유색 인종 출입 금지 • 26
4. 희망을 보다 • 38
5. 피 없는 싸움 • 48
6. 몽고메리 운동 • 55
7. 킹 목사를 몰아내라! • 65
8. 세상의 중심에서 • 74
9. 셀마 행진 • 82
10. 끝나지 않은 꿈 • 94

글쓴이의 말 • 4
역사인물 돋보기 • 103

1. 나에게는 꿈이 있습니다

 1963년 8월 28일이었습니다. 이날은 역사에 길이 남은 '워싱턴 행진'이 있던 날입니다. 많은 미국인들이 피부색으로 사람을 차별하지 않는 세상을 만들기 위해 워싱턴에 모여들었습니다. 행진의 열기가 무르익을 때였습니다. 한 흑인 목사가 연설을 하기 위해 계단을 올랐습니다. 연단 꼭대기에 이르자 저 멀리 대통령이 머무는 백악관이 보였습니다. 목사의 등 뒤로는 백여 년 전 미국의 노예 제도를 없앤 에이브러햄 링컨의 거대한 동상이 서 있었습니다. 그리고 광장에는 수십만 명의 사람들이 모여 있었습니다.

'아무도 흑인들의 목소리에 귀 기울이지 않던 때가 있었는데……. 이제는 백인들도 함께 자유와 평등을 꿈꾸고 있구나!'

목사는 믿을 수 없는 광경에 가슴이 벅차올랐습니다. 그는 뛰는 가슴을 애써 진정시키고 마이크 앞에 섰습니다. 모두가 숨죽여 흑인 목사의 연설을 기다렸습니다. 자유와 평등에 대해 부푼 희망을 품고 한데 어우러진 사람들의 뜨거운 열기가 목사에게도 전해졌습니다. 긴 정적을 깨고 목소리를 가다듬은 그는 들고 있던 연설문을 보지 않고, 즉흥적으로 마음속에서 시키는 대로 말하기 시작했습니다.

"자유와 평등을 위한 오늘의 행진은 역사에 길이 남을 것입니다. 이 자리에 여러분과 함께 서 있게 되어 기쁩니다."

이 흑인 목사는 바로 마틴 루서 킹 주니어였습니다. 그는 모든 사람이 차별받지 않고 살 수 있는 세상을 만들기 위해 일생을 바쳐 왔습니다. 연설을 시작한 그의 눈앞에 길고 험난했던 지난 시간이 펼쳐졌습니다. 미국의 모든 흑인이 차별에 맞서 싸웠음에도 흑인들의 삶에는 큰 변화가 없었습니다. 특히 킹 목사는 백인들의 폭력과 무관심에도 어떤 폭력과 불평 없이 평화로운 시위를 이어 왔지만, 킹 목사의 마음 깊은 곳에도 감출 길 없는 분노는 있었습니다.

"링컨 대통령이 노예 해방 선언에 서명한 지 백 년이 지났습니다. 그러나 흑인은 여전히 가혹한 차별과 억압을 받으며 살아가고 있습니다."

그는 날카롭고 분명한 어조로 미국 구석구석에 여전히 남아 있는 인종 차별에 대해 이야기했습니다. 그러자 광장에 모여 있던 많은 사람들이 박수를 보냈습니다. 그 소리에 킹 목사는 힘을 얻었습니다. 길고 긴 세월 동안 노예로 붙잡혀 와 고통받아야 했던 조상들이 떠올랐습니다. 오랫동안 미국에서 노예로 살았던 그들의 참혹한 삶에 비하면 자신이 백인들로부터 받아 온 차별과 수모는 작게 느껴졌습니다. 그토록 큰 고통을 참았던 조상들 덕분에 킹 목사는 지금까지 폭력에 폭력으로 대응하지 않는 평화로운 싸움을 해 올 수 있었습니다. 그런 생각에 미치자 킹 목사는 새삼 자신에게 주어진 임무가 무겁게 느껴졌습니다.
"그러나 자유를 향한 우리의 꿈은 이 세상의 어떤 분노와 차별보다 더 힘이 세다는 사실을 잊어서는 안 됩니다."

킹 목사가 말을 잠시 쉴 때마다 광장에 모인 사람들 사이에서 환호와 박수가 터져 나왔습니다. 이제 킹 목사는 우렁찬 목소리로 연설을 이어 갔습니다.

"나에게는 꿈이 있습니다. 언젠가는 이 나라가 '우리는 모든 사람은 평등하게 태어났다는 자명한 진리를 믿는다'는 이 나라 신조의 참뜻대로 살아가게 될 날이 오리라는 꿈입니다.

나에게는 꿈이 있습니다. 언젠가는 조지아 주의 붉은 언덕 위에서 노예의 후손들과 그 노예 주인의 후손들이 형제애의 식탁에 둘러앉을 날이 오리라는 꿈입니다.

나에게는 꿈이 있습니다. 언젠가는 불의와 억압의 열기로 이글거리는 미시시피 주마저도 자유와 정의의 오아시스로 변하리라는 꿈입니다.

나에게는 꿈이 있습니다. 언젠가는 나의 네 아이들이 피부색이 아닌 각자의 인격으로 평가받는 나라에서 살게 되리라는 꿈입니다.

오늘 나에게는 꿈이 있습니다! 언젠가는 잔인한 인종 차별주의자들과 정부의 조치와 법에 대해 간섭이니, 무효니 하는 말을 내뱉는 주지사가 있는 저 앨라배마 주에서 흑인 어린이들과 백인 어린이들이 형제자매로서 손을 잡는 날이 오리라는 꿈입니다."

'나에게는 꿈이 있습니다.'라는 킹 목사의 말이 울려 퍼질 때마다 그 꿈이 한 발 한 발 현실로 다가오는 것처럼 청중들의 가슴은 감동으로 들썩였습니다. 그런데 킹 목사의 이 유명한 연설이 울려 퍼진 그 광장에는 흑인들만 모여 있는 게 아니었습니다. 연설을 듣고 있는 25만여 명의 사람들 중에는 많은 백인도 섞여 있었습니다. 십여 년 전 인종 차별에 저항하며 싸우기 시작했을 때는 꿈도 꿀 수 없는 광경이었습니다. 그들의 눈도 킹 목사와 다름없이 자유와 평등을 소망하며 빛나고 있었습니다. 그 광경을 보니 킹 목사의 꿈은 결코 멀지 않은 곳에 있다는 확신이 들었습니다.

"이 땅의 모든 마을, 모든 도시에 자유가 울려 퍼질 때 우리는 더 빨리 그날을 향해 갈 수 있을 것입니다. 피부색과 종교, 국가를 뛰어넘어 옛 노래를 함께 부르는 그날 말입니다."

킹 목사는 흑인 선조들이 노예로 일하며 불렀던 구슬픈 노래의 가사를 읊었습니다.

"드디어 자유, 드디어 자유! 우리가 마침내 자유로워졌나이다!"

이윽고 숨죽여 연설에 귀 기울이던 관중들의 박수와 함성이 터져 나왔습니다. 워싱턴에서 인류 역사에 길이 남을 이 연설을 마쳤을 때, 킹 목사의 나이는 고작 서른여섯이었습니다. 결코 많지 않은 나이였지만 그가 걸어온 인생은 미국뿐 아니라 세계의 역사를 바꾸어 놓았습니다.

2. 처음 겪은 차별

"저기 누가 온다!"

"누군지 보여?"

마틴은 남동생과 함께 집 앞 느티나무 위에 앉아 있었습니다.

"담배 가게 사미가 아줌마야."

마틴은 신이 나서 손뼉을 쳤습니다.

"사미가 아줌마는 지난 할로윈 때 사탕을 주지 않았어. 그러니까 벌을 받아 마땅해."

마틴과 남동생은 숨을 죽이고 사미가 아주머니가 나무 아래로 지나가기를 기다렸습니다. 아무 것도 모르는 사미

가 아주머니는 성큼성큼 나무 가까이 다가왔습니다.

"셋, 둘, 하나! 지금이야!"

마틴이 남동생의 귀에 속삭였습니다. 그러자 동생이 사미가 아주머니의 발치를 향해 기다란 여우 털목도리를 휙 던졌습니다.

"끼아악!"

불현듯 날아든 여우 털목도리에 놀란 사미가 아주머니는 비명을 지르며 달아났습니다. 사미가 아주머니는 분명히 새까만 여우가 달려들었다고 믿었을 것입니다.

"하하하! 제대로 속였어!"

"아줌마 쌤통이다!"

마틴과 남동생은 배꼽을 잡고 깔깔거렸습니다. 하도 웃어서 숨이 찰 지경이었습니다. 장난꾸러기 형제는 히죽거리며 나무에서 내려왔습니다. 길 저편에서 잔뜩 화가 난 아버지가 달려왔습니다.

"너희들 또 시작이냐? 아빠가 얌전히 있으라고 했을 텐데!"

마틴과 동생은 잔뜩 겁에 질려 집으로 내달렸습니다.

"아빠다! 도망치자!"

그날도 마틴은 아버지에게 호되게 혼이 났습니다. 방에서 홀로 훌쩍이고 있는데 누군가 방문을 똑똑 두드렸습니다. 이윽고 어머니가 들어왔습니다. 어머니는 부드러운 목소리로 말했습니다.

"마틴, 오늘도 말썽을 부렸다면서?"

어머니는 대답 없이 울고 있는 마틴을 꼭 안아 주었습니다.

"아버지께서 네 이름을 왜 마틴 루서라고 지으셨는지 알지?"

마틴이 고개를 끄덕였습니다. 그러고는 부끄러운 듯 대답했습니다.

"마르틴 루터 아저씨처럼 훌륭한 사람이 되라고요."

마르틴 루터는 1600년대에 살았던 종교 개혁가였습니다. 그는 사람들에게 돈을 받고 죄를 용서해 주던 로마 가톨릭교회에 저항한 사람이었습니다. 목사였던 마틴의 아버지는 아들도 그처럼 훌륭한 성직자로 자라기를 바라며 '마틴 루서 킹'이라고 이름을 지은 것이었습니다.

어머니가 마틴의 볼에 난 눈물 자국을 닦아 주며 말했습니다.

"그래. 게다가 너는 형이잖니? 동생들에게 의젓한 형이 되렴."

첫째인 마틴에게는 동생이 둘 있었습니다. 마틴은 동생들의 얼굴을 떠올려 보았습니다. 그러고는 어머니에게 그러겠다고 약속했습니다. 당당하고 엄격한 아버지와 따뜻한 마음씨의 어머니는 언제나 어린 마틴에게 울타리가 되어 주었습니다.

마틴은 1926년 1월 15일에 태어났습니다. 마틴의 고향인 애틀랜타는 미국 남부에 자리한 도시입니다. 노예 제도가 사라진 지 60여 년이 지난 때였지만 마틴이 살던 미국 남부에는 여전히 흑인을 향한 차별이 뿌리 깊게 남아 있었습니다. 하지만 마틴의 아버지와 어머니는 흑인도 백인과 같이 평등하다는 사실을 굳게 믿었습니다.

"하느님께서는 살색에 관계없이 우리 모두를 평등하게 만들었습니다. 그 누구도, 피부색 때문에 흑인을 차별할 수 없습니다!"

 목사인 마틴의 아버지는 기회가 있을 때마다 이렇게 설교했습니다. 어머니 또한 마틴과 동생들에게 늘 '어디서든 당당하라'고 가르쳤습니다. 덕분에 마틴은 흑인을 차별하는 매서운 사회 속에서도 자신감 있게 자랐습니다.

 그러나 미국에는 어린 마틴의 눈에 보이지 않는 수많은 장벽이 있었습니다. 바로 흑인을 차별하는 '흑백 분리법'이었습니다. 흑인이 백인과 어울려 살 수 없다고 생각한 백인들이 만들어낸 이 법은 여러 방면에 이용되었습니다.

> 흑인 탑승 금지

 미국 곳곳의 백화점 엘리베이터에는 이런 문구가 적혀 있었습니다.

> 백인만 들어오세요

거리에 가득한 고급 식당도 백인만 드나들 수 있었습니다.

유색 인종 지정석

버스의 좋은 앞 좌석은 백인만 쓸 수 있었고, 흑인이 앉을 수 있는 좌석은 뒤쪽 구석에 따로 마련되어 있었습니다. 하지만 그마저도 버스가 꽉 찼을 때는 백인에게 양보해야 했습니다. 당시 백인들은 이런 차별법을 당연하게 여겼습니다. 흑인이 백인보다 못하다는 잘못된 생각이 그들의 마음속에 깊이 뿌리박혀 있었기 때문입니다.

"공원에 들어가려던 흑인 꼬마가 백인들에게 두들겨 맞았다는군. 우리 흑인은 무늬만 미국인일 뿐이야. 이 땅에서 할 수 있는 게 아무것도 없으니까 말이오."

어두운 표정으로 신문을 읽던 마틴의 아버지가 말했습니다. 어머니는 긴 한숨을 쉬었습니다. 마틴의 부모님은 피부색이 다르다는 이유로 흑인을 차별하는 미국 땅에서 세 아들딸이 씩씩하게 자랄 수 있을지 걱정했습니다. 그러나 마틴과 동생들은 아직 차별이라는 단어를 모를 정도로 어렸습니다. 어린 마틴은 흑인들만 사는 마을에서 부모님의 보호 속에 지내다 보니, 백인들이 흑인을 벌레 보듯 한다는 사실을 오랫동안 알지 못했습니다. 덕분에 마틴은 또래 흑인 친구들보다 자유로운 어린 시절을 보냈습니다. 행복한 가정에서 자신의 재능을 마음껏 키워 나갈 수도 있었습니다. 그러나 얼마 못 가 어린 마틴에게도 차별의 그림자가 다가왔습니다. 마틴이 갓 초등학교에 입학했을 때였습니다.

"새미, 축구하러 가자! 안 나오고 뭐해?"

마틴은 동네에 몇 없는 백인 친구들과도 잘 어울려 지냈습니다. 특히 세 살 적부터 함께 놀았던 새미와는 둘도 없는 단짝 친구였습니다. 그런데 오후만 되면 축구공을 들고 튀어나오던 새미가 해가 뉘엿뉘엿 지는데도 보이지 않았습니다. 마틴은 새미네 문을 여러 번 두드렸습니다. 한참 뒤에 현관이 빠끔히 열렸습니다.

"새미, 얼마나 기다렸는지 알아? 어두워지기 전에 축구 한 판 하자."

그런데 새미는 우물쭈물하며 대답이 없었습니다.

"마틴, 난 이제 축구 안 해."

새미가 기어들어 가는 목소리로 이렇게 말했습니다. 마틴은 어리둥절했습니다.

"아빠가 이제 너랑 놀지 말래."

그때 새미 뒤에서 커다란 손이 나타났습니다. 새미의 아빠였습니다. 그는 손을 뻗어 쾅 소리를 내며 문을 닫았습니다.

"저 녀석과 말도 섞지 말라고 했지! 학교에서 검둥이랑 어울린다고 소문이 나면 어쩌려고 그래?"

문이 닫힌 뒤에도 새미네 집 안에서는 커다란 고함 소리가 들렸습니다. 마틴은 무슨 일이 일어난 것인지 도무지 알 수가 없었습니다.

'검둥이라고?'

마틴의 얼굴이 화끈 달아올랐습니다. 화가 나서 가슴이 마구 뛰었습니다. 마틴은 그 길로 집으로 달려갔습니다. 소파에 앉아 있는 엄마의 얼굴을 보자 눈물이 왈칵 쏟아졌습니다.

"엄마, 새미가 이제 나랑 안 논대."

마틴은 어머니 품에 안겨 울먹였습니다. 마틴에게서 자초지종을 들은 어머니는 울고 있는 마틴을 일으켜 세웠습니다. 그러고는 마틴의 눈을 들여다보며 또박또박 말했습니다.

"마틴, 엄마가 늘 했던 말 기억하니? 백인과 흑인은 친구야."

"하지만 새미 아빠가 흑인과는 놀지 말라고 했는걸!"

어머니는 마틴의 어깨를 세게 감싸 쥐고 말했습니다.

"새미랑 놀지 못하는 건, 네가 흑인이어서가 아니라 새미 아버지가 잘못된 생각을 가지고 있기 때문이야. 흑인도 백인과 다름없는 인간이라는 걸 모르고 계신 거란다."

어머니는 마틴이 잠들 때까지 힘주어 말했습니다. 그러나 마틴의 마음에 난 상처는 쉽게 아물지 않았습니다. 어린 마틴의 인생에 벌써부터 먹구름이 드리우고 있었습니다. 아니, 오래 전부터 흑인들의 삶에 먹구름이 잔뜩 끼어 있었다는 걸 몰랐던 것입니다.

3. 유색 인종 출입 금지

 마틴은 어느덧 소년으로 성장했습니다. 시간이 지날수록 마틴의 일상에는 '빨간 불'이 점점 많아졌습니다. 신호등에 빨간 불이 들어오면 길을 건널 수 없듯이, 흑인인 마틴에게는 온 세상이 금지, 금지, 모든 것이 빨간 불이었습니다. 흑인이라는 이유로 영화관에서 쫓겨나고, 공중화장실도 함부로 쓸 수 없었습니다. 마틴은 책을 무척 좋아했지만 도서관에도 들어갈 수 없었습니다. 그렇다고 백인들에게 화를 낼 수도 없었습니다. 그랬다가는 백인들에게 흠씬 얻어맞고 감옥에 갈 게 분명했으니까요. 심지어 백인들은 흑인을 죽여도 처벌을 받지 않았습니다. 더 이상 세상은 마틴의 편이 아니었습니다. 마틴의 마음속에는 열등감과 두려움의 그림자가 드리워졌습니다. 마틴에게 큰 의지가 되던 할머니가 돌아가신 날이었습니다. 마틴은 하늘이 무너지는 것 같았습니다.

'세상에는 온통 나 같은 흑인을 미워하는 사람들뿐이야. 날 사랑해 주시던 할머니도 돌아가셨는데 더 살아서 무얼 하지…….'

마틴은 집 이층 창문을 열고 창틀에 올라섰습니다. 미처 몸을 던지기 전에 부모님이 마틴을 발견했습니다.

"마틴, 안 돼!"

"어서 내려오지 못해!"

단숨에 달려온 아버지가 억센 팔로 마틴을 끌어내렸습니다. 아버지의 품에 안긴 마틴은 울음을 터뜨렸습니다. 그날 뒤로 마틴의 부모님은 아들을 강하게 키우고자 마음먹었습니다.

"마틴, 우리가 사는 미국 남부에는 아직 인종 분리법이 남아 있어. 네가 백인 어른들에게 대들었다가 잘못되어도 널 지켜 줄 수 없다는 얘기야."

어머니는 마틴이 등교할 때마다 현관 앞에서 이렇게 되뇌었습니다. 마틴도 점점 험한 세상을 인정하고 마음을 단단히 먹게 되었습니다.

"걱정 마세요, 엄마. 학교에서 조용히 있을게요."

어머니는 안쓰러운 눈빛으로 말을 이었습니다.

"당당하되, 참을성 있게 지내렴."

마틴은 조용히 고개를 끄덕였습니다. 마침 학교 버스가 집 앞에 멈췄습니다. 마틴은 엄마의 볼에 쪽 하고 입을 맞추고는 버스를 향해 달려갔습니다.

'엄마는 참으라고 했지만, 어른이 되면 더 이상 참지 않을 거야!'

등굣길에 오를 때마다 마틴은 이렇게 다짐했습니다. 백인들과 싸울 수 있을 만큼 크면 백인들이 저지르고 있는 잘못을 하나하나 따지기로 말입니다.

마틴은 백인들 앞에서 언제나 당당한 아버지를 닮고 싶었습니다. 아버지는 어딜 가나 주눅 드는 법이 없었습니다. 하루는 아버지와 함께 신발 가게에 들어갔습니다. 가게에는 손님이 많아 점원과 이야기하려면 한동안 기다려야 했습니다. 그런데 마침 가장 앞쪽 의자에 자리가 났습니다. 아버지는 마틴의 손을 이끌고 그 자리에 가서 앉았습니다. 그런데 잠시 후 백인 점원이 다가오더니 말했습니다.

"뒤에 있는 좌석으로 가서 기다리시면 고맙겠습니다."

한마디로 가게 앞쪽 자리는 백인들 차지라는 것이었습니다. 아버지는 점원의 요구를 거절했습니다.

"이 자리가 아주 편하고 좋은데요. 여기 앉아 있겠습니다."

얼굴이 붉어진 백인은 다시 아버지를 재촉했습니다.

"제 말을 못 알아들으셨나 본데, 이 자리는 흑인을 위한 자리가 아닙니다."

아버지는 지지 않았습니다.

"그런 말도 안 되는 법이 어디 있습니까? 내 마음대로 의자에 앉을 수 없다면, 여기서 신발을 살 이유도 없어요."

아버지는 날카로운 목소리로 점원을 꾸짖고는 자리에서 벌떡 일어났습니다. 마틴은 그날 보았던 아버지의 모습을 잊을 수 없었습니다. 교회 강단에서도 아버지의 당당한 저항 정신은 변함이 없었습니다.

"우리의 권리를 막는 법 아래 살고 있다고 해도 결코 굴복해서는 안 됩니다! 피를 흘리게 되더라도 맞서 싸워야 합니다!"

두려움 없이 흑인의 자유를 위해 설교하는 아버지의 모습을 보면서 마틴은 아버지 같은 어른이 되겠노라 마음먹었습니다. 아버지는 또한 틈이 날 때마다 유명한 과학자 조지 워싱턴 카버와 노예 해방에 기여한 해리엇 터브맨 같은 흑인들의 이야기를 들려주었습니다. 그래서 마틴은 훌륭한 어른이 되어 유명해지면 어떨까 하는 상상도 해 보았습니다. 백인들도 얕잡아 볼 수 없는 유명인이 되면 정말이지 속이 후련할 것 같았습니다. 마틴은 그렇게 흑인도 백인과 다름없이 꿈을 꾸고, 그 꿈을 이룰 자유가 있다는 사실을 사람들 앞에 당당히 보여 주고 싶었습니다.

'누구보다 훌륭한 사람이 되면 백인들도 날 우습게 보지 못하겠지? 흑인도 할 수 있다는 걸 보여 줄 거야.'

마틴은 백인들에게 지고 싶지 않아 공부를 열심히 했습니다. 덕분에 마틴은 학창 시절 두 학년이나 월반을 해 또래들보다 일찍 학교를 졸업했습니다. 이후 마틴은 애틀랜타에 있는 흑인 고등학교에 입학했습니다. 마틴은 자랄수록 더욱 반듯하게 외모를 꾸미고, 우등생이 되기 위해 철저하게 자신을 몰아붙였습니다. 그의 가슴속에는 부모님을 통해 얻은 확신이 있었습니다. 결코 흑인이 백인과 다른 대우를 받을 이유가 없다는 확신이었습니다. 자신감 넘치고 똑똑했던 마틴은 선생님들의 눈에 띄었습니다. 평소 친구들과 이야기하기를 즐기고 발표도 멋지게 해냈기에, 담임 선생님은 마틴이 말을 통해 사람들의 마음을 움직이는 재능을 가지고 있다는 걸 알아보았습니다.

"마틴, 한 달 후에 더블린에서 고등학생 웅변대회가 열린단다. 한번 참가해 보지 않을래?"

1944년 선생님은 열네 살인 마틴에게 말하기 실력을 겨루는 큰 대회에 나가 보지 않겠느냐고 권했습니다. 적극적이고 말을 잘하는 마틴이 재능을 펼칠 수 있는 좋은 기회였기 때문입니다.

"웅변대회라고요?"

처음에 마틴은 웅변대회가 무엇인지 잘 몰라 고개를 갸우뚱했습니다.

"그래, 네 생각을 사람들 앞에서 당당하게 이야기하는 대회란다."

선생님의 말씀에 마틴의 눈이 반짝였습니다. 인종 차별을 몰아낼 방법이 될 수 있다는 생각이 들었습니다. 게다가 사람들을 설득하는 일이라면 자신 있었습니다. 마틴은 대회에 꼭 나가고 싶다며 선생님의 손을 잡았습니다.

한 달이 빠르게 흘렀습니다. 지역 예선을 뚫고 드디어 꿈에 그리던 본선 대회가 열렸습니다.

"애틀랜타 고등학교의 마틴 루서 킹 주니어!"

자신의 이름이 불리자 마틴은 마른 침을 꿀꺽 삼켰습니다. 꿈에 그리던 연단에 올랐지만 긴장이 되는 건 어쩔 수 없었습니다. 마틴은 아침에 어머니가 손수 매 주신 넥타이를 다시 한 번 매만지고는 자리에서 일어났습니다. 연단까지 오르는 계단이 높게 솟은 탑처럼 아찔하기만 했습니다. 이윽고 마틴은 마이크 앞에 섰습니다. 강당 가득 들어찬 사람들은 주의를 기울여 마틴을 바라보고 있었습니다.

'내 이야기를 들어 줄 사람들이 있어!'

마틴은 이런 생각에 가슴이 벅찼습니다. 그러고는 용기를 내어 입을 떼었습니다. 누군가 마틴의 떨리는 몸을 꼭 붙들어 주는 것 같았습니다. 마틴은 자신 있게 준비한 연설을 이어 나갔습니다.

"지금 바다 건너 유럽과 아시아에서는 큰 전쟁이 벌어지고 있습니다. 우리의 수많은 형제들이 전쟁터에서 싸우고 있습니다. 백인과 흑인이 동등한 미국 국민으로서 목숨을 걸고 참전한 이때, 이곳 미국에서는 왜 백인과 흑인 사이에 차별이 존재하는 것입니까?"

여기저기서 '옳소!' 하는 목소리가 들려왔습니다. 이윽고 마틴이 연설을 마치자 좌중은 큰 박수를 쏟아 냈습니다. 마틴은 두근거리는 가슴을 안고 연단에서 내려왔습니다. 이 대회에서 마틴은 많은 참가자 가운데 2등을 차지했습니다. 마틴은 선생님과 친구들의 큰 축하를 받으며

대회가 열린 강당을 나섰습니다.

대회의 감격이 채 가시지도 않은 그날 저녁, 마틴의 자존심을 산산이 부수어 버린 사건이 벌어졌습니다. 대회를 마치고 애틀랜타로 돌아가는 버스에서였습니다.

"거기, 검둥이! 자리 양보하지 않고 뭐해?"

흑인 지정석에 앉아 있던 마틴과 선생님에게 버스 기사가 소리쳤습니다. 버스가 가득 차 나중에 탄 백인들이 앉지 못하고 있었기 때문입니다.

마틴은 발끈해서 말했습니다.

"같은 요금을 내고 탔는데 왜 제가 자리를 양보해야 하죠?"

그러자 버스 기사는 얼굴이 시뻘게지더니 욕지거리를 내뱉으며 마틴을 위협했습니다. 더 말싸움을 이어 간다면 걷잡을 수 없이 일이 커질 듯했습니다.

선생님이 마틴을 다독이며 말했습니다.

"마틴, 이번 한 번만 참으렴.

어서 집에 가서 부모님께 상장을 안겨 드려야 하지 않겠니?"

마틴은 좀처럼 가라앉지 않는 울분을 내리누르고 천천히 자리에서 일어났습니다. 옆에 서 있던 백인이 가소롭다는 듯 혀를 차며 그 자리에 앉았습니다. 마틴은 너무도 수치스러워 버스에서 내릴 때까지 고개를 들 수가 없었습니다.

'몇 시간 전만 해도 인종 차별을 없애자고 큰소리치던 나인데……, 이렇게 굴복해도 되는 걸까?'

마틴은 조금 전 연단 위에서 박수를 받았던 일이 꿈만 같았습니다. 마틴의 손에 쥔 금빛 상장은 그저 종이 쪼가리처럼 보일 뿐이었습니다. 세상은 변함이 없었고 자신 또한 정작 백인들 앞에서는 아무런 저항도 할 수 없었기 때문입니다.

"다녀왔습니다."

마틴은 부모님께 굳은 표정을 들키지 않으려고 곧바로 방으로 올라갔습니다. 그러고는 다시 터지려는 울음을 꾸욱 참고 상장 두루마리를 두 손으로 구겼습니다.

'아무리 말재주가 좋아도 세상을 바꿀 수는 없어. 직접 싸워야만 해.'

마틴의 싸움은 그렇게 시작되었습니다.

4. 희망을 보다

    1944년 마틴은 우등생으로 모어하우스 대학교에 입학했습니다. 모어하우스 대학교에 다니는 학생은 거의 모두 흑인이었습니다. 그러나 독서 모임이나 토론 수업이 열릴 때면 다른 대학의 백인 학생들도 함께 참여했습니다.
    "어이, 마틴! 오늘도 멋쟁이네."
    강의실로 향하던 마틴에게 친구들이 말했습니다. 마틴은 언제나 깨끗한 셔츠와 잘 다린 바지를 입었습니다. 하루도 빠짐없이 멋지게 차려입고 다니는 마틴을 보며 친구들은 학생인지 교수님인지 헷갈린다고 놀리기도 했습니다.

그때마다 마틴은 마음속으로 이렇게 되뇌었습니다.

'백인들에게 조금이라도 꼬투리를 잡히면 안 돼.'

많은 백인들은 '흑인은 더럽고 게으르다'는 편견을 가지고 있었습니다. 마틴은 그런 잘못된 편견에 맞서고자 누구보다 성실히 공부했고, 몸단장에도 무척 신경을 썼습니다. 꼭 전쟁에 나가는 전사처럼 마음과 행동을 무장했던 것입니다.

마틴은 많은 학생들이 함께하는 독서 모임에도 열심히 나갔습니다. 그러던 어느 날이었습니다. 모임이 열린 큰 강의실에서 두런두런 웃음소리가 새어 나와 복도를 가득 채웠습니다. 무슨 일인지 궁금해진 마틴은 걸음을 재촉해 강의실로 들어섰습니다.

"마틴, 왔구나!"

친구들이 반갑게 마틴을 맞아 주었습니다. 그러나 강의실 안에는 마틴의 친구들 말고도 낯선 얼굴들이 여럿 있었습니다. 바로 백인 학생들이었습니다.

"네가 마틴이구나. 네 얘기는 우리 학교에서도 유명해."

"반가워. 네 연설 솜씨가 그렇게 대단하다며?"

마틴은 백인 학생들이 스스럼없이 다가와 손을 내밀자 크게 당황했습니다.

"나, 나도 반가워. 마틴 루서 킹 주니어라고 해."

얼떨결에 마틴은 백인 학생들과 악수를 했습니다. 백인들의 손은 얼음같이 차가울 거라 생각했는데, 그렇기는커녕 따뜻하기만 했습니다. 바짝 긴장했던 마틴의 마음도 스르르 녹았습니다. 마틴은 굳게 닫았던 마음을 열고 독서 모임을 즐겁게 이끌었습니다. 흑인, 백인 할 것 없이 자유롭게 이야기를 나누고 함께 웃음을 터뜨리기도 했습니다. 마틴은 작은 천국에 와 있는 기분이었습니다.

'모든 백인이 나쁜 건 아니구나. 백인이라는 이유로 그들 모두를 적이라고 생각한 나도 잘못된 편견을 가지고 있던 셈이야.'

그날 마틴은 백인과 흑인이 함께 살아갈 평등한 사회를 만들 수 있을 거라는 희망을 보았습니다. 그리고 모든 백인을 미워하고 비판했던 어리석음을 반성했습니다.

대학에 입학한 마틴은 처음에는 법을 공부하고 싶었습

니다. 법률가가 되거나 정치인이 되어 흑인 차별을 금지하는 법을 직접 만들고 싶었습니다. 무고하게 차별받는 흑인들을 돕는 변호사가 되는 것도 좋을 것 같았습니다. 그러나 자신도 모르는 사이에 마틴의 앞날은 생각지 못한 방향으로 흘러갔습니다. 마틴의 마음이 점점 목사의 길로 기울었기 때문입니다.

"마틴, 네가 목사가 된다면 이 나라를 바꿀 수 있을 거야."

"너라면 아무 이유 없이 유색 인종을 차별하는 사람들의 마음을 돌이킬 수 있을 텐데."

마틴은 여러 사람들로부터 이런 이야기를 들었습니다. 많은 사람들이 마음을 사로잡는 마틴의 말솜씨를 높이 샀기 때문입니다.

'차별에 대항해 싸울 수 있는 가장 좋은 일이 뭘까? 목사가 된다면 인생을 전부 걸어야 할 거야. 하지만 다른 어떤 일보다 많은 사람들의 마음에 영향을 미칠 수 있겠지.'

그러나 흑인 목사가 되어 인종 차별에 맞선다는 것은

목숨을 걸어야 하는 위험한 일이었습니다. 법을 공부하고자 했던 처음의 욕심도 포기하기 어려웠습니다.

그러던 마틴이 목사가 되고자 굳게 마음먹게 된 것은 학비를 벌기 위해 미국 남부의 한 공장에서 일을 할 때였습니다.

"오늘 안으로 일을 못 끝내면 봉급은 없다!"

침대 매트리스를 만드는 공장 안에서 많은 흑인들이 숨 쉴 틈도 없이 일을 하고 있었습니다. 공장을 운영하는 백인 사장은 흑인 노동자들에게 심한 말을 쏟아 냈습니다. 손이 느린 흑인을 불러내 마구 때리기도 했습니다. 반면 백인들은 손쉬운 관리직이나 공장의 형편을 담당하는 회계 일을 했습니다. 봉급도 흑인들보다 몇 배는 많이 받았습니다.

'흑인을 노예 부리듯이 하는구나.'

마틴은 백인들의 횡포에 화가 났지만 꿋꿋이 참아 냈습니다. 그러나 공장에서 일하던 마지막 날, 온몸에 멍이 든 흑인 소년을 보게 되었습니다. 마틴은 소년에게 무슨 일이 있었는지 어렵지 않게 짐작할 수 있었습니다. 하지만 혹시나 하는 마음으로 소년에게 물었습니다.

"이런, 누구한테 이렇게 맞았니?"

"백인들이요. 쫓겨나지 않은 것만 해도 다행이에요."

소년은 일을 못한다는 이유로 백인 직원에게 한참을 걷어차였던 것입니다. 퉁퉁 부은 얼굴로 씨익 웃는 소년의 말에 마틴은 기가 막혔습니다.

'의사가 된다면 이 소년의 상처를 치료해 줄 수는 있을 거야. 하지만 더 이상 맞지 않고 일할 수 있는 사회를 만들 수는 없어.'

마틴은 방학 때마다 여러 일터를 오가며 학비를 벌었습니다. 가는 곳마다 흑인들은 부당한 대우를 받았습니다. 일을 시킨 후 흑인이라는 이유로 일당을 주지 않는 곳도 수두룩했습니다.

마틴은 가혹한 현실을 바꿀 방법이 없을까 고민하던 중 도서관에서 미국의 철학자 헨리 데이비드 소로의 책을 읽게 되었습니다. 그 책에서 소로는 부당한 법이라면 자신의 양심에 따라 그 법을 지키지 않는 것이 당연하다고 했습니다. 피부색에 따라 사람을 차별하는 부당한 법에 맞서 싸워야 한다는 마틴의 생각과 같았습니다. 마틴은 책 속에서 소로의 응원을 받는 듯했습니다.

이후 마틴은 목사가 되겠다는 결심을 굳혔습니다. 하루 빨리 많은 사람들 앞에 서서 자유와 평등을 호소하고 싶었습니다. 그것만이 미국 국민들의 마음속에 깊이 뿌리내린 인종 차별을 들어낼 수 있는 길이었습니다.

그리하여 마틴은 열아홉 살에 모어하우스 대학교를 졸업하고, 신학을 더 공부하기 위해 미국 북부 펜실베이니아에 자리한 신학 대학에 입학했습니다. 흑백 분리법으로 인종에 대한 차별이 사라지지 않은 남부와 달리 미국 북부는 대학에서도 백인과 흑인이 평등하게 공부할 수 있었습니다.

그곳에서도 마틴은 학비를 마련하기 위해 틈이 날 때마다 일했습니다. 직장에 가기 위해 거리에 나설 때면 마틴은 미국이 아닌 다른 나라에 와 있는 기분이었습니다.

'어디에도 백인 전용이라는 푯말이 없잖아!'

거리에는 흑인과 백인이 자유롭게 섞여 다녔고, 식당이나 공중화장실, 공원 등 도시 어디에서도 '유색 인종 출입 금지' 같은 문구는 찾아볼 수 없었습니다. 마틴이 일하는 사무실에서도 흑인과 백인이 한 방에서 일했습니다.

마틴은 펜실베이니아에서 공부하는 몇 년 동안 어린 시절로 돌아온 것 같았습니다. 백인 친구들도 많이 사귀었고, 언제 어디서든 흑인이라는 사실로 인해 위축될 일도 없었습니다. 또한 누군가에게 차별을 받는다 해도 법 아래 정당하게 불만을 표할 수 있었습니다. 그의 가슴속에 북부에서의 추억은 커다란 꿈으로 자리 잡았습니다. 피부색이 어떻든 간에 누구나 평등한 나라를 만들고자 하는 꿈 말입니다.

마틴은 이듬해 신학 대학을 우수한 성적으로 졸업했습니다. 그리고 그는 보스턴에 있는 대학에 가서 박사 학위를 위해 공부하던 중 평생을 함께하게 될 아내 코레타 윌리엄스를 만났습니다. 그는 교정을 거니는 코레타를 보고 첫눈에 반했습니다. 그녀는 성악가를 꿈꾸는 어여쁜 학생이었습니다. 둘은 이야기를 나누면서 서로에게 닮은 점이 많다는 걸 깨달았습니다. 코레타 역시 부모님 덕분에 행복한 어린 시절을 보냈고 흑인의 권리를 찾는 운동에 관심이 많았습니다.

"한번은 백인들이 우리 아버지의 제재소에 불을 지른 적이 있어. 그런데도 아버지는 백인을 미워하지 말고 친구로 대하라고 하셨지."

코레타가 싱긋 웃으며 말했습니다.

"친구라고?"

마틴이 놀라 물었습니다. 그러자 코레타가 덧붙였습니다.

"성경에서도 '원수를 사랑하라'고 했잖아. 넌 목사가 되겠다면서 백인들을 사랑할 생각은 안 해 봤니?"

마틴은 코레타의 말에 큰 감명을 받았습니다. 지금껏 흑인을 차별하는 백인들과 싸울 생각만 했지 그들을 사랑해야 한다는 생각은 해 본 적이 없었습니다. 마틴은 코레타의 밝고 선한 마음에 더욱 반했습니다. 이후 둘은 평생 서로의 꿈을 실현하기 위해 돕기로 약속했습니다. 그리하여 1953년 마틴과 코레타는 많은 사람들의 축복 속에서 행복한 결혼식을 올렸습니다.

5. 피 없는 싸움

 마틴과 코레타는 정착할 곳을 찾기 위해 고민했습니다. 행복한 학창 시절을 보낸 미국 북부에서 계속 살고 싶은 마음도 간절했습니다. 흑인이 차별받는 남부로 돌아가자니 벌써부터 가슴이 조여 왔습니다.

 "펜실베이니아에 있는 교회의 목사로 일하면 어때요?"

 오랫동안 고민하고 있던 마틴에게 아내 코레타가 물었습니다.

 "여기라면 백인들에게 상처받지 않고 목회(*교회의 목사로 사람들을 섬기는 일.)를 할 수 있을 거예요."

 마틴의 마음도 흔들렸습니다. 수년 동안 미국 북부에서

공부하면서 마틴은 좋은 친구들을 많이 사귀었습니다. 그 중에는 백인들도 여럿 있었습니다. 북부에 남는다면 흑인을 짐승처럼 대하는 남부에 비해 편안히 지낼 수 있었습니다.

"하지만……."

그러나 마틴은 선뜻 결정을 내릴 수 없었습니다. 자꾸만 고향에서 고통받고 있을 흑인들의 모습이 눈앞에 어른거렸습니다.

"내게 며칠만 시간을 더 줘요."

며칠 뒤 마틴은 무심코 신문을 펼쳤습니다. 그런데 그 날따라 이상하게도 이런 기사들만 눈에 밟혔습니다.

―백인 전용 상점에 들어온 흑인을 폭행한 백인 청년
―유색 인종, 백인보다 월급 훨씬 적게 받아

마틴은 신문을 몇 장 넘기지 못해 가슴이 먹먹해졌습니다. 가슴 깊숙한 곳

에서 분노가 솟았습니다. 그는 참담한 마음에 신문을 덮었습니다. 그러나 마음을 가라앉히기 위해 튼 라디오 방송에서는 마침 흑인들의 시위 소식이 들려왔습니다.

"지금 몽고메리에서는 흑인에게도 공공장소를 개방하라는 구호가 울리고 있습니다! 시위 인파는 백인들의 가게에 돌을 던지고 차를 부수기도 했습니다."

당시에는 시민들이 자유롭게 드나들 수 있는 공원이나 도서관에도 유색 인종은 들어갈 수 없었습니다. 그에 대항하기 위해 흑인들이 들고일어난 것입니다.

'같은 인간으로서 언제까지 이런 부당한 차별을 받고 있을 순 없지. 하지만 폭력적인 방법은 백인들의 미움만 더 키울 뿐이야.'

마틴은 답답한 마음에 벌떡 일어나 집안을 이리저리 서성였습니다. 그때서야 마틴은 자신이 갈 곳이 어디인지 깨달았습니다. 마틴이 자신의 재능인 말솜씨로 흑인들을 설득하고, 인종 차별에 맞서 함께 싸울 곳은 바로 미국 남부였습니다. 펜실베이니아에 남는다면 자신과 가족은 편할 수 있겠지만, 흑인들과 고통을 함께할 수 없어 마음이 아플 터였습니다.

마틴이 아내에게 말했습니다.

"여보, 여기에서 사는 건 도저히 안 되겠소. 내가 흑인들을 위해 싸우려고 목사가 되었다는 건 당신도 알 거예요. 이곳 북부에는 당장 내 도움이 필요 없지만, 남부에서는 아직도 많은 흑인들이 가혹한 차별을 받고 있소. 그들을 외면한다면 나는 고개를 들고 살 수 없어요."

마틴의 진심을 느낀 아내 코레타는 이렇게 말했습니다.

"좋아요. 당신의 뜻에 따르겠어요. 하지만 당신이 백인들의 차별에 맞서 싸우겠다면 이것만은 약속해 줘요. 우리 아이들이 어른으로 자랐을 때는 피부색으로 차별받지 않는 세상을 물려줄 거라고요."

마틴은 자신을 이해해 주는 코레타의 결심이 고마웠습니다. 그는 코레타에게 약속했습니다. 그리하여 마틴은 1954년에 주저 없이 앨라배마 주 몽고메리로 떠났습니다. 마틴은 그곳에 있는 '덱스터 침례교회'에서 목사로 일하기 시작했습니다. 마틴은 그곳에서 크고 작은 싸움을 시작했습니다. 먼저 가난한 흑인들을 돕고 그들에게 차별에 당당히 맞서야 함을 일깨웠습니다. 그리고 '전미 유색인 지위 향상 협회'에 가입해 인종 차별을 당한 흑인이 법적으로 자신의 권리를 주장할 수 있도록 도왔습니다. 부당하게 폭행을 당한 흑인을 돕기도 했습니다.

마틴은 인종 차별이 벌어지는 곳이라면 발 벗고 달려가 흑인들을 위로하고 보살폈습니다. 덕분에 그는 금세 몽고메리의 유명 인사가 되었습니다. 그와 함께 투쟁하려는 사람들도 점점 늘어났습니다. 마틴은 가는 곳마다 이렇게 당부했습니다.

"'눈에는 눈, 이에는 이'라는 옛말이 있습니다. 받은 만큼 갚아야 한다는 뜻이지요. 하지만 우리는 절대로 차별에 차별로, 폭력에 폭력으로 맞서서는 안 됩니다. 그 순간 우리는 백인들과 똑같아지는 것입니다. 우리는 오히려 그들을 사랑하고 먼저 손을 내밀어야 합니다. 왼쪽 뺨을 맞으면 오른쪽 뺨도 마저 내어 주라고 말씀하신 예수님처럼 말입니다."

마틴이 폭력을 쓰지 않는 '피 없는 싸움'을 고집하게 된 데에는 한 사람의 인생이 큰 영향을 미쳤습니다. 바로 인도의 민족 운동 지도자 '마하트마 간디'의 발자취였습니다. 간디는 인도를 식민지로 점령하고 인도 사람들의 삶과 터전을 함부로 앗아간 영국에 맞서 폭력 대신 평화로운 투쟁을 벌였습니다. 그와 마찬가지로 마틴도 차별에 맞서 비폭력 저항을 시작했습니다.

마틴은 1959년에 직접 인도를 방문하기도 했습니다. 그러면서 간디의 비폭력 저항 운동에 더욱 깊이 공감하게 되었습니다. 인도에서의 마지막 날 밤, 그는 라디오 연설에서 이렇게 말했습니다.

"인도에 머물면서 나는 비폭력 저항이야말로 억압받는 사람들이 정의를 위해 싸울 수 있는 가장 강력한 무기라는 것을 굳게 확신하게 되었습니다. 마하트마 간디는 일생을 통해 온몸으로 그것을 실천한 분이었습니다."

시간이 지날수록 마틴의 생각에 찬성하는 사람들이 늘어 갔습니다. 그리고 얼마 안 있어 흑인 민권 운동(*흑인의 자유와 권리를 되찾기 위한 운동.) 역사에 한 획을 그은 '몽고메리 운동'이 일어났습니다. 싸웠지만 피를 보지 않고도 세상을 바꾸는 놀라운 일이 눈앞에 일어난 것이었습니다.

6. 몽고메리 운동

1955년 12월, 서늘한 기운이 느껴지는 날이었습니다. 마틴이 몽고메리에서 목사로 일한 지 얼마 되지 않았을 때입니다. 몽고메리 시내를 달리다 멈춰 선 한 버스에서 성난 목소리가 오갔습니다.

"거기 검둥이! 어서 일어나지 못해?"

백인 버스 기사가 소리쳤습니다.

"싫어요."

버스 뒷편 흑인 좌석에 앉아 있던 로자 파크스는 버스가 가득 차자 버스 기사로부터 백인에게 자리를 양보하라는 말을 들었습니다. 하지만 로자는 한마디로 거절하고 그대로 버텼습니다.

"더러운 검둥이가 어디서 말대꾸를 해!"

기사는 더는 못 참겠다는 듯 운전석에서 일어나더니 버스 뒤편으로 씩씩대며 다가왔습니다. 곁에 있던 백인들도 팔을 걷어붙이더니 자리를 지키고 앉아 있던 로자를 끌어내 거리로 쫓아냈습니다. 로자는 온 힘을 다해 저항했지만 덩치 큰 백인 남성들을 떨쳐 낼 수는 없었습니다.

"이럴 수는 없어요! 같은 인간에게 이런 수모를 주다니!"

게다가 로자는 경찰관들에게 곧바로 체포되었습니다. 로자 파크스의 용기 있는 저항은 곧 입에서 입으로 퍼져 몽고메리를 떠들썩하게 만들었습니다. 흑인들은 자기 일처럼 울분을 이기지 못했고, 백인들은 저항하는 흑인에 대해 분노했습니다.

이 사건은 마틴의 인생과 흑인 민권 운동에 큰 영향을 주었습니다. 달리기 선수들에게 있어 출발 신호탄 같은 사건이었지요. 로자가 체포된 다음 날, 흑인들의 권리를 찾기 위해 앞장서 온 닉슨이 마틴에게 전화를 걸어 왔습니다.

"목사님, 이런 굴욕을 더는 견딜 수 없습니다. 지금이야말로 움직여야 할 때입니다."

마틴도 닉슨의 말에 동의했습니다. 마틴은 고등학생 시절 웅변대회에서 돌아오던 길에 겪은 일이 떠올랐습니다.

"저 역시 로자 파크스와 똑같은 차별을 당한 적이 있습니다. 그때 저는 그녀처럼 용감하게 제 권리를 주장하지 못했어요. 이번에는 반드시 우리의 목소리를 내야 합니다."

몽고메리의 흑인들은 오랫동안 대중교통을 이용하며 수모를 당해 왔습니다. 입에 담을 수 없는 욕을 듣는 것은 물론이고 차비를 내고 흑인 지정석이 있는 뒷문으로 올라타기도 전에 버스가 떠나 버리기도 했습니다. 빈 좌석이 있어도 흑인이기에 서서 가야 하는 일도 흔했습니다. 마틴은 그날 밤 동료들과 함께 로자를 부당하게 체포한 사건에 어떤 방법으로 저항하면 좋을지 의논했습니다.

"이 문제가 해결될 때까지 더 이상 버스를 이용해서는 안 됩니다. 흑인들을 대중교통과 공공장소에서 차별하는 것이 얼마나 잘못된 일인가를 깨닫게 해야 합니다."

그리하여 마틴을 비롯해 덱스터 침례교회에 모인 40여 명의 흑인들은 거리에서 사람들에게 나누어 줄 성명서를 마련했습니다. 바로 이런 내용이었습니다.

버스 좌석을 양보하지 않았다고 해서 한 명의 흑인 여성이 감옥에 갇혔습니다.

월요일부터는 직장이나 학교에 갈 때에는 버스를 타지 말고 택시를 타거나 걸어갑시다.

또한 월요일 오후에 교회에서 열리는 집회에 꼭 참석해 주십시오.

'버스 안 타기 운동', 이른바 '몽고메리 운동'은 이렇게 시작되었습니다.

마틴과 동료들은 교회와 거리를 돌며 7천 장이 넘는 성명서를 시민들에게 나누어 주었습니다. 그러나 얼마나 많은 사람들이 이 버스 안 타기 운동에 함께 참여할지는 알 수 없었습니다.

일요일 저녁, 마틴은 떨리는 마음으로 아내 코레타와 이야기를 나누었습니다.

"과연 사람들이 이 운동에 동참해 줄까요?"

"버스를 타는 흑인이 열 명에서 네 명으로 줄어도 성공일 텐데 말이야. 그럼 버스 회사의 수입이 크게 줄 테고, 백인들은 우리가 받아 온 차별에 눈을 뜰 거예요."

이윽고 기다리던 월요일 아침이 되었습니다. 이른 시간이라 마틴은 아직 잠에서 깨어 있지 않았습니다. 그런데 커튼을 걷던 코레타가 깜짝 놀라 마틴을 불렀습니다.

"여보, 어서 나와 봐요! 어서요!"

마틴은 아내의 목소리에 일어나 나왔습니다. 코레타는 믿을 수 없다는 듯 창가에서 눈을 떼지 못하고 있었습니다.

"아니, 이럴 수가……."

창밖으로 보이는 거리에 흑인들이 가득했습니다. 비가 부슬부슬 내리는 서늘한 겨울이었지만 모두가 버스를 타지 않고 걷고 있었습니다. 차를 함께 타거나 마차를 타고 다니는 흑인들도 있었습니다. 지나가는 버스에는 백인들만 타고 있었습니다. 정류장에서 버스 문이 열려도 흑인들은 태연하게 지나쳤습니다. 버스 기사들의 얼굴에는 당황한 표정이 역력했습니다.

"모든 흑인들이 버스 안 타기 운동에 동참하고 있어!"

마틴과 코레타는 뜨겁게 부둥켜안았습니다.

같은 시각, 몽고메리 운동에 불길을 지핀 로자 파크스는 법정에 섰습니다. 법원은 흑인들에게 본보기를 보여 주고자 로자에게 유죄를 선고했습니다. '흑백 분리법'을 위반한 죄로 흑인에게 유죄 판결이 내려진 것은 처음이었습니다. 그러나 그녀의 유죄 판결은 몽고메리의 흑인들 가슴속에 더욱 뜨거운 투쟁의 불길을 붙였습니다.

더불어 마틴은 '몽고메리 진보연합'의 의장으로 선출되

었습니다. 사람들은 그가 모든 것을 걸고 흑인의 자유를 위해 싸우리라 기대하고 있었습니다.

12월 5일 월요일 저녁, 교회는 흥분과 기대에 가득 찬 흑인들로 둘러싸여 있었습니다. 4천 명에 가까운 사람들이 모여들어서 마틴이 그

인파를 뚫고 단상에 오르는 데만도 많은 시간이 걸렸습니다. 마틴은 하루 종일 고치고 또 고친 연설문을 꺼내 폈습니다. 찬송가를 부르던 인파가 어느덧 잠잠해지고, 전국에 생방송을 내보내는 카메라가 마틴을 비췄습니다.

'연설문은 중요하지 않아. 마음이 이끄는 대로 말하자.'
마틴은 마음을 굳게 먹고 입을 열었습니다.
"우리는 중대한 행동을 위해 오늘 이 자리에 모였습니다!"

마틴은 거침없이 연설을 이어 갔습니다. 여기저기서 박수가 터져 나왔습니다.

"우리는 이 땅에서 타고난 권리를 누리지 못하고 너무나 오랫동안 억눌려 왔습니다. 그러나 이제 우리는 자유와 평등이 동트는 새벽을 향해 다가가고 있습니다. 이 길 위에서 우리는 원한과 미움 대신 사랑과 정의를 무기로 싸워야 합니다!"

마틴은 박수 속에 연설을 끝내며 동료들과 함께 작성한 결의문을 읽어 내려갔습니다.

"첫째, 흑인에 대한 버스 운전사들의 정중한 대우가 보장될 때까지 버스를 이용하지 않는다. 둘째, 승객들은 버스에 승차한 순서대로 앉는다는 원칙이 받아들여질 때까지 버스를 이용하지 않는다. 셋째, 흑인 승객이 많이 이용하는 버스를 흑인 기사가 운전할 때까지 버스를 이용하지 않는다.' 이 내용에 찬성하시는 분은 일어나십시오."

그러자 교회 안팎에 있던 모든 흑인이 자리에서 일어났습니다. 환호성과 박수가 오랫동안 울려 퍼졌습니다.

마틴은 그 순간 승리를 예감했습니다. 폭력 대신 평화로운 방법으로 정의를 위해 일어선 몽고메리 흑인들의 소식은 곧 미국 전역에 퍼질 것이고, 세계 모든 나라에 알려질 터였습니다. 그러나 마틴은 앞으로 길고 긴 여정이 남아 있다는 것을 알았습니다.

'이제부터 시작이다. 이 세상에서 억압받는 모든 이들이 자유로워지기 전까지 이 싸움은 끝나지 않을 거야.'

몽고메리 시민들도 지치지 않고 긴 싸움을 이어 갔습니다. 버스 안 타기 운동을 1년 넘게 지속하며, 2백 명이 넘는 흑인 운전자들이 하루에 백여 번씩 오가며 승용차로 사람들을 집에서 일터까지, 또 일터에서 집까지 태워 주었습니다. 모든 흑인들이 자유와 평등을 위해 버스를 안 타는 불편을 견뎌 냈습니다.

 이 위대한 노력 끝에 1956년 12월 20일, 법원은 드디어 버스에서 인종 분리를 금지하는 명령을 내렸습니다. 일 년이라는 기나긴 투쟁 끝에 얻은 값진 결과였습니다. 마틴과 불의에 저항해 일어난 흑인들의 평화적 방법이 옳았음이 입증된 것이었습니다.

7. 킹 목사를 몰아내라!

 마틴은 몽고메리 운동을 이끌었다는 이유로 백인들의 눈 밖에 났습니다. 어느 날 그는 터무니없는 모함으로 감옥에 갇혔습니다.
 "난폭하게 차를 몰았으니 경찰서로 같이 가 줘야겠어."
 평소와 마찬가지로 조심히 차를 몰던 마틴을 백인 경찰관들이 막아 세웠던 것입니다. 그러고는 다짜고짜 속도를 위반했다며 마틴이 저항할 새도 없이 경찰차에 밀어 넣었습니다. 그렇게 마틴은 감옥으로 끌려가게 되었던 것입니다.
 마틴이 감옥에 갇혔다는 소식은 금방 시민들에게 전해

졌습니다. 그러자 마틴의 석방을 요구하는 흑인들이 교도소로 하나둘 모여들었습니다.

"이, 이거 안 되겠는걸."

마틴을 가둔 경찰들은 교도소 앞에 가득 모인 흑인들을 보고 겁을 먹었습니다. 이대로 마틴을 풀어 주지 않았다가는 폭동이 일어날 듯했습니다. 당황한 경찰들은 서둘러 마틴을 내보냈습니다.

이후로도 마틴은 수도 없이 목숨의 위협을 받았습니다. 마틴의 집에는 하루에도 서른 번이 넘는 협박 전화와 편지가 밀려들었습니다. 심지어 그의 집에서 폭탄이 터진 적도 있었습니다.

1956년 1월 30일이었습니다. 때마침 마틴은 아내와 아이들을 집에 남겨 두고 교회에서 열린 대중 집회에 참여하기 위해 나왔습니다. 마틴이 연설을 준비하고 있을 때였습니다. 갑자기 그의 동료들이 새파랗게 질린 얼굴로 웅성이고 있었습니다. 불길한 느낌이 든 마틴이 물었습니다.

"무슨 일이 있습니까?"

동료들은 당혹스러운 듯 선뜻 대답하지 못했습니다.

"큰일 났습니다, 킹 목사님."

마틴의 머릿속에는 최악의 상황들이 펼쳐졌습니다. 그럼에도 그는 굳게 마음을 먹고 동료들의 대답을 기다렸습니다.

"목사님 댁에서 폭탄이 터졌다고 합니다."

그 순간 마틴은 눈앞이 캄캄해졌습니다. 집에는 사랑하는 아내 코레타와 아이들이 있었습니다. 마틴은 떨리는 목소리로 동료들에게 물었습니다.

"제 가족들은 무사한가요?"

"큰 폭발은 아니었으니 무사하실 겁니다. 지금 사람들이 알아보고 있어요."

떨리던 마틴의 마음속에 순간 알 수 없는 확신이 고개를 들었습니다.

'하느님이 우리와 함께하시니 우리 가족들을 지켜 주실 거야.'

마틴의 예감대로 가족들은 무사했습니다. 마틴은 가슴을 쓸어내렸습니다.

흑인의 권리를 위해 싸우는 마틴을 향한 백인 우월주의자들의 이런 협박과 위협은 이후로도 계속되었습니다. 그래서 그를 묵묵히 돕던 아내 코레타도 너무나 지치고 말았습니다. 어느 날 밤, 마틴은 아내 코레타가 아무도 없는 방에서 흐느끼고 있는 모습을 보았습니다. 마틴에게 걱정을 끼치지 않으려고 깊은 밤중에 홀로 울었던 것입니다. 마틴의 마음은 무너지는 것만 같았습니다.

마틴은 자신과 가족들을 향해 드리우는 죽음의 그림자에 몸서리쳤습니다. 그러나 마틴은 마음을 굳게 먹었습니다. 민권 운동을 시작하면서부터 죽음은 각오하고 있던 일이었습니다. 그래서 마틴은 그런 험한 일이 있은 뒤로도 망설임 없이 싸울 수 있었습니다. 그는 이렇게 연설한 적도 있었습니다.

"여러분, 어느 날 제가 죽어 쓰러진 모습을 보게 되더라도 절대로 폭력적인 방법으로 보복하지 마십시오. 지금까지 보여 준 것과 같이 위엄과 기강을 가지고 저항 운동을 계속해 나가십시오."

1960년 10월 19일, 마틴은 애틀랜타에 있는 리치 백화점을 찾았습니다. 리치 백화점은 백인만 이용할 수 있는 곳이었습니다. 애틀랜타의 흑인 대학생들은 차별에 대항하기 위해 평화로운 방법을 택했습니다. 출입이 금지된 백화점 식당 의자에 묵묵히 앉아 있기로 한 것입니다. 사람들은 이런 운동을 '연좌 운동'이라고 불렀습니다. 마틴도 이 소식을 듣고 학생들에게 힘을 실어 주기 위해 리치 백화점에 간 것이었습니다.

　"지금 당장 애틀랜타에서 차별이 사라지지 않더라도 조금만 더 힘을 내십시오."

　마틴은 학생들과 함께 백화점 식당에 앉아 연좌 운동에 참여한 이들을 격려했습니다. 그런데 갑자기 경찰들이 백화점으로 들이닥쳤습니다.

　"당신이 킹 목사입니까? 백인 전용 백화점에서 불법 집회를 주도한 혐의로 체포하겠소."

　마틴의 두 손에 수갑이 채워졌습니다. 함께 운동을 벌이던 2백여 명의 학생들도 함께 체포되었습니다. 몇 시간 후 학생들은 풀려났습니다. 그러나 마틴만은 6개월 동안 감옥에서 나오지 못했습니다. 가혹하고 부당한 처사였습니다.

"킹 목사를 석방하라! 석방하라!"

수많은 흑인들이 마틴의 석방을 요구했지만 애틀랜타 주의 행정가(*정치나 사무를 보는 사람.)들은 끄떡하지 않았습니다. 눈엣가시 같은 킹 목사를 감옥에서 고생시

키려는 속셈이었습니다. 마틴의 아내 코레타와 어린 두 아이들은 하루하루 눈물로 밤을 지새워야 했습니다. 그러던 어느 날, 코레타에게 한 통의 전화가 걸려 왔습니다.

"킹 부인, 미국 국민은 킹 목사님이 부당하게 감옥에 갇혀 있다는 사실을 알고 있습니다. 하루 빨리 목사님이 석방될 수 있도록 제가 힘써 보겠습니다."

코레타에게 위로의 전화를 건 것은 당시 미국의 대통령 후보 존 F. 케네디였습니다. 민주당 후보였던 그는 평소 마틴이 이끄는 흑인 민권 운동에 큰 관심을 가지고 있었습니다. 그러던 중 마틴이 연좌 운동으로 감옥에 갇혀 있다는 소식을 듣고 그를 돕기로 한 것입니다.

케네디는 변호사인 동생과 함께 애틀랜타 법원에 항의했습니다. 평화적인 시위를 이끌었다는 이유로 계속 마틴을 가두어 두는 건 지나친 판결이라는 주장을 폈지요. 케네디 덕분에 마틴은 6개월 만에 비로소 석방되어 사랑하는 가족에게 돌아갈 수 있었습니다. 더불어 케네디는 며칠 후 치른 선거에서 미국의 대통령으로 선출되었습니다. 투표권이 있던 흑인들의 열렬한 지지를 얻었기 때문이었습니다. 케네디 대통령은 이후로도 흑인들이 겪는 부당한 차별을 안타까워하며 마틴의 든든한 조력자가 되어 주었습니다.

마틴이 석방된 후 흑인들의 폭력 없는 민권 운동은 더욱 뜨거워졌습니다. 애틀랜타, 버밍햄 등 남부 여러 도시에서 연좌 운동이 일어났습니다. 흑인의 출입이 금지된 수영장에 들어가는 입수 운동을 벌이기도 했고, 극장과 교회에 들어가 꿋꿋이 영화를 감상하고 기도를 올리기도 했습니다. 점점 많은 백화점과 수영장, 극장과 교회가 흑인들도 이용할 수 있도록 개방되었습니다. 또 학교에도 채 들어가지 않은 흑인 아이들은 백인만 이용할 수 있었던 공공 도서관에 몰려들어 말없이 책을 읽는 운동을 벌이기도 했습니다. 이 일로 수많은 백인들이 감동을 받고 조금씩 흑인들이 받는 차별의 부당함에 눈을 뜨기 시작했습니다.

  생명을 위협하는 백인들의 탄압 앞에, 자비롭고 당당하게 맞선 마틴을 보면서 수많은 흑인들 역시 그 어느 때보다 거센 차별을 견디면서 평화로운 저항을 이어갈 수 있었습니다. 그리하여 1963년에 이르러서는 천 곳이 넘는 미국 도시에서 흑백 분리법이 사라졌습니다.

8. 세상의 중심에서

"목사님, 얼마 뒤면 이 땅에서 노예 제도가 사라진 지 백 년이 됩니다. 이 여세를 몰아 세계에 우리의 의지를 보여 주어야 합니다."

미국 남부의 흑인들은 지난 몇 년 간 상상도 못했던 변화를 쟁취했습니다. 하지만 승리에 취해 있을 시간이 없었습니다. 아직도 법적으로 흑인들의 자유가 보장되지 않은 크고 작은 도시들이 많이 있었기 때문입니다. 마침 1963년 8월 28일은 에이브러햄 링컨이 노예 제도를 없앤 지 백 년이 되는 날이었습니다. 마틴과 동료들은 두려움과 기대를 안고 미국의 수도 워싱턴에서 평화 행진을 벌이기로 계획했습니다.

"워싱턴은 미국의 중심일 뿐 아니라 링컨 대통령의 기념관이 있는 곳이기도 합니다. 그곳에서 흑인들의 질서와 단결력을 보여 준다면 온 세계에 자유와 평등을 향한 우리의 의지를 호소할 수 있을 것입니다."

모두가 마틴의 말에 찬성했습니다. 그러나 워싱턴에서 행진을 벌인다는 것은 만만한 일이 아니었습니다. 모두의 기대만큼 많은 사람들이 모일지도 불확실했고, 혹시라도 폭력 사태가 벌어진다면 지금까지 쌓아 온 신뢰가 한순간에 무너질 수도 있었습니다. 그러나 마틴과 동료들은 워싱턴에서 자유를 외치게 될 생각에 가슴이 설레었습니다.

어느덧 8월 28일이 되었습니다. 날이 밝자 마틴의 걱정은 곧바로 사그라졌습니다. 25만여 명의 인파가 워싱턴 시내 가득히 모인 것입니다.

"목사님, 놀랄 준비하세요!"

함께 워싱턴 행진을 준비한 흑인 청년이 달려왔습니다. 그의 목소리는 한껏 들떠 있었습니다.

"이번 행진은 흑인들만의 것이 아니에요. 얼마나 많은

백인들이 함께하는지 보세요!"

청년은 마틴을 연단 위로 데려갔습니다. 높은 연단 위에 서자 구름 같은 인파가 한눈에 들어왔습니다. 그리고 청년의 말대로 흑인들과 함께 행진에 참여한 많은 백인들이 보였습니다. 6만여 명에 이르는 백인들도 마틴과 흑인들의 저항에 뜻을 같이한 것입니다. 마틴은 가슴이 벅차올랐습니다. 워싱턴 행진이 흑인들의 고독한 싸움이 아니라 미국 국민의 축제가 되었기 때문입니다.

이날 워싱턴 광장에 울려 퍼진 마틴의 열변은 훗날, 역사상 가장 훌륭한 연설 중 하나로 기억될 만큼 감동적이었습니다.

"나에게는 꿈이 있습니다! 언젠가는 모든 골짜기가 메워지며 모든 언덕과 산이 낮아지고, 고르지 않은 곳은 평평해지며 굽은 곳은 펴지고, 하느님의 영광이 나타나고 모든 사람들이 함께 그 영광을 보게 되리라는 꿈입니다.

이것은 우리의 희망이고, 내가 남부로 돌아갈 때 가져갈 신념입니다. 이 신념으로 우리는 절망의 산을 쪼개 희망의 돌을 만들 수 있을 것입니다.

이 신념으로 우리는 이 나라의 시끄러운 불협화음을 아름다운 형제애의 교향곡으로 바꿀 수 있을 것입니다."

마틴의 위대한 연설이 끝나자 함성과 박수가 하늘에 닿을 듯 울려 퍼졌습니다. 연설을 마친 마틴은 가족들과 함께 케네디 대통령이 있는 백악관에 초대받았습니다. 케네디 대통령은 워싱턴 행진과 마틴의 연설에 큰 감명을 받았다고 말했습니다.

"불과 며칠 전만 해도 누가 워싱턴에서 흑인과 백인이 함께 행진할 수 있다고 생각했겠습니까? 이 모든 게 킹 목사님이 목숨을 걸고 싸워 온 지난 세월 덕분입니다."

마틴은 케네디 대통령의 격려에 겸손히 고개를 숙여 답례하며 말했습니다.

"아닙니다. 미국 국민이 함께 싸운 덕분이지요. 그리고 평등과 자유를 향한 싸움은 이제부터 시작입니다. 대통령님께서도 아시다시피 미국 곳곳에는 아직도 유색 인종에 대한 크고 작은 차별이 뿌리내려 있습니다."

케네디 대통령은 조용히 고개를 끄덕였습니다. 그러고는 결연한 얼굴로 당부했습니다.

"그래요. 오늘 있었던 워싱턴 행진은 긴 싸움의 신호탄일 뿐이지요. 하지만 조심하십시오, 목사님. 아직도 흑인을 노예 취급하고, 같은 인간으로 보지 않는 사람들이 많습니다. 그중에는 호시탐탐 목사님의 목숨을 노리는 자들도 있고요."

마틴은 케네디 대통령의 당부에 고맙다고 답했습니다. 케네디 대통령은 이후로도 마틴과 민권 운동가들을 격려하고 인종 차별을 없애기 위해 노력했습니다.

워싱턴에서의 꿈 같은 행진이 있은 지 얼마 되지 않은 가을날이었습니다. 라디오에서 믿기 힘든 소식이 흘러나왔습니다.

-댈러스 시를 방문한 케네디 대통령이 괴한의 총에 맞아 숨졌습니다! 미국 전역은 충격에 휩싸였습니다.

함께 라디오를 듣던 아내 코레타는 들고 있던 찻잔을 떨어뜨렸습니다. 얼마 전 사려 깊은 눈길로 마틴과 코레타를 격려하던 케네디 대통령의 모습이 눈앞에 스쳐 지나갔습니다. 충격을 받은 코레타는 새하얗게 질린 얼굴을 두 손에 묻었습니다. 마틴도 놀라기는 마찬가지였습니다.

"나도 같은 일을 겪게 될 거야……."

마틴은 자신도 모르게 중얼거렸습니다. 그의 목소리에는 두려움이 섞여 있었습니다. 하지만 그런 만큼 마음속은 더욱 강한 의지로 들끓었습니다. 그저 자신이 살아 있을 때 흑인이 인간답게 살 수 있는 미국을 보겠다는 일념 하나로 말입니다.

이후로도 그는 사방에서 조여 오는 위협에도 굴하지 않고 흑인들의 권리를 찾기 위해 한결 같은 방법으로 민권 운동을 이어 나갔습니다. 그러던 중 마틴은 소중한 동료들을 많이 잃었습니다. 또한 흑인들의 목소리가 커질수록 무고한 흑인들이 희생당하기도 했습니다. 1963년 9월에는 버밍햄의 한 교회에서 다이너마이트가 터져 흑인 소녀 네 명이 숨졌고, 1964년 8월에는 필라델피아에서 민권 운동을 벌이던 활동가 세 명이 실종된 지 두 달 만에 시신으로 발견되었습니다. 절망적인 소식이 이곳저곳에서 들려왔지만 마틴은 투쟁을 멈출 수 없었고, 백인 우월주의

자들에게 똑같이 폭력으로 대응하지도 않았습니다.

계속된 위기 속에서 마틴의 이름이 다시 한 번 전 세계적으로 유명세를 탔습니다. 마틴이 1964년 노벨 평화상 수상자로 결정되었기 때문입니다. 흑인의 인권을 위해 싸운 마틴의 노력과 성과를 높이 인정받은 것입니다. 처음에 마틴은 노벨상을 받지 않으려 했습니다. 자기 혼자 싸운 것이 아니라 수많은 동료와 사람들이 함께한 덕분에 그만큼의 변화를 이룰 수 있었기 때문입니다. 그러나 한

순간 마틴의 눈앞에 자유와 평등을 외치다 죽음을 맞은 동료들이 떠올랐습니다. 마틴은 결국 노벨 평화상을 받기로 생각을 바꾸었습니다.

"백 년이 넘는 세월 동안 자유를 위해 싸운 미국의 흑인들에게 이 영광을 돌립니다."

전 세계가 마틴의 노벨상 수상을 한목소리로 기뻐했습니다. 미국으로 돌아온 마틴은 수상의 영광을 함께 싸워 온 동료들과 나눴습니다. 또한 상과 함께 주어진 상금도 흑인 민권 운동 단체들에 기부했습니다.

9. 셀마 행진

"흑인이 노벨상을 받았다고 해서 진정한 평등이 찾아왔다고 생각하지 마십시오. 아직도 미국 남부에는 흑인이 백인과 동등한 권리를 갖는 것을 가로막는 수천 가지의 장벽이 있습니다!"

마틴이 노벨상을 받은 뒤, 많은 미국인들은 흑인들의 투쟁이 끝났다고 생각했습니다. 하지만 아직 가장 큰 산이 남아 있었습니다. 바로 투표권을 얻는 일이었습니다. 물론 미국의 헌법은 모든 인종에게 투표권을 허용하고 있었습니다. 하지만 흑인에 대한 차별이 뿌리 깊은 남부에서는 실제로 흑인이 투표를 하려면 복잡한 절차를 거쳐야

했습니다. 흑인이 투표권을 행사할 수 없도록 막아 놓은 수많은 장애물이 있었기 때문입니다.

남부의 흑인들은 투표권을 얻으려면 먼저 투표세를 내야 했습니다. 그러나 가난한 흑인들에게는 감당하기 어려운 큰 금액이었습니다. 둘째로 흑인들에게 투표권을 주는 일을 하는 공무원들은 늑장을 부리기 일쑤였습니다. 또한 흑인들이 교육을 거의 받지 못한 것을 이용해 무척 어려운 읽기와 쓰기 시험을 통과할 때만 투표권을 주었습니다. 이 모든 과정을 거쳐 투표권을 얻은 흑인은 거의 없었습니다. 특히 앨라배마 주에 위치한 셀마 시와 댈러스 시에 사는 1만 5천 명의 흑인 중 투표를 할 수 있는 사람은 350명밖에 되지 않았습니다.

"투표권이 없다는 것은 미국의 국민이 아니라는 뜻입니다. 흑인을 위해 일할 공무원을 뽑을 수 없다는 것은 앞으로도 영원히 흑인들이 차별당하는 사회를 변화시킬 수 없다는 뜻과 같습니다."

마틴은 투표권의 중요성을 미국 남부 사회에 일깨웠습니다. 그리고 남부에서도 흑인 인권과 투표권이 가장 열

악한 셀마 시를 이번 투쟁의 중심으로 정했습니다. 셀마에서의 항쟁은 다른 어느 도시에서의 싸움보다 치열할 것이 뻔했습니다. 셀마 시의 법원과 백인 보안관들은 유색 인종을 싫어하기로 악명이 높았습니다. 마틴도 투표권을 향한 이번 싸움이 큰 산을 옮기는 것과 같이 어려우리라는 걸 잘 알고 있었습니다. 하지만 그는 멈추지 않는 기차처럼 셀마 흑인들의 승리를 향해 겁 없이 전진했습니다.

"우리는 앨라배마 주지사가 있는 몽고메리 시까지 행진할 겁니다. 그곳에서 우리의 투표권을 당당히 요구합시다."

마틴의 주장에 셀마의 민권 운동가들은 사색이 되었습니다. 그들은 당황한 목소리로 말했습니다.

"셀마에서는 거리 행진이 금지되어 있어요. 그리고 보안관들은 흑인들에게 가차 없이 폭력을 휘두른다고요. 거리를 한 블록이라도 걸었다가는 모두 잡혀갈 거예요."

마틴은 그들의 말을 가만히 듣고는 이렇게 답했습니다.

"소로는 '악법에 저항하라'고 했죠. 저는 그의 말에 동감합니다. 정당한 권리를 주장하기 위해 나선 행진을 막는 법이 있다면, 두려워도 결코 굴복해서는 안 됩니다."

셀마의 흑인들은 난폭한 백인 보안관들에게 분노와 두려움을 느끼고 있었습니다. 얼마 전에는 인권 시위를 벌이던 지미 리 잭슨이라는 청년이 어머니를 보호하려다 보안관들이 쏜 총에 맞아 죽음에 이른 끔찍한 사건도 있었습니다. 하지만 마틴은 셀마 시민들의 마음을 북돋우며, 희생된 청년을 위해서라도 폭력 없는 거리 행진을 해야 한다고 주장했습니다.

"우리는 그들의 폭력에 폭력으로 맞서지 않을 것입니다. 인간 대 인간으로 앨라배마 주지사를 만나 지미 리 잭슨의 억울한 죽음에 대해 항의할 것입니다."

그리하여 마틴과 뜻을 같이하는 많은 인권 운동가들이 셀마로 모여들었습니다. 짐 베벨, 호시아 윌리엄스 등이 그들이었습니다. 셀마에서의 첫 번째 거리 행진은 1965년 3월 7일에 시작되었습니다. 그날 다른 도시에서 연설을 하게 된 마틴을 대신해 셀마에 사는 대학생들과 인권 운동가들이 행진을 이끌었습니다. 삼삼오오 모이기 시작한 시위대는 어느덧 6백 명에 이르렀습니다. 시위대는 고속도로를 따라 셀마 시를 출발하여 주지사가 있는 몽고메리 시로 향했습니다.

"시위대는 돌아가시오! 안 그러면 발포하겠소!"

백인 보안관들은 셀마 시를 통과하려던 시위대를 막아

섰습니다. 그것도 총과 곤봉으로 무장한 채 말입니다. 그러나 단단히 마음을 먹은 시위대는 한 치도 물러섬 없이 전진했습니다. 보안관들이 시위대를 향해 돌진했습니다. 그리고 가차 없이 몽둥이를 휘둘렀습니다. 여기저기서 비명이 난무했습니다. 결국 시위대는 뿔뿔이 흩어지고 말았습니다. 그리하여 3월 7일에 있었던 첫 거리 행진은 '피의 일요일'이라고 불리게 되었습니다. 예순 명이 넘는 흑인이 크게 다쳤을 정도로 잔혹했기 때문입니다. 언론은

너도나도 셀마 시에서 일어난 폭력 사태를 전국에 알렸습니다. 이 소식을 들은 마틴은 하늘이 무너지는 것 같았습니다.

"모두 내 잘못이야. 나도 그들과 함께여야 했어!"

마틴은 행진에 함께하지 못했던 자신을 원망했습니다. 마틴의 고집이 셀마의 흑인들을 고통의 구렁텅이로 내몬 것만 같았습니다. 그가 깊은 절망감에 빠져 있을 때였습니다.

"킹 목사님, 셀마 시에 사람들이 모여들고 있어요. 백인 흑인 할 것 없이 점점 많아지고 있다고요!"

'피의 일요일' 사건을 목격한 미국 국민들이 셀마 시로 모이기 시작했습니다. 흑인이 많았지만 수많은 백인들도 함께했습니다. 또한 폭력과 차별에 분노한 종교인들도 마틴을 찾아왔습니다.

"저는 유대교 랍비(*유대교의 율법을 가르치는 학자로, 선생님이라는 뜻이다.)입니다. 목사님과 같은 신앙을 갖진 않았지만 흑인들에게 쏟아진 폭력에는 함께 분노할 수밖에 없군요."

"저희 수녀들도 거리 행진을 함께하고 싶어요. 무엇이든 돕겠습니다."

두려움에 눈앞이 캄캄했던 셀마의 흑인들은 다시금 큰 힘을 얻었습니다. 마틴과 인권 운동가들은 두 번째 거리 행진을 계획했습니다. 피의 일요일로부터 고작 이틀이 지난 3월 9일이었습니다.

"저놈들 또 시작이야? 몽둥이맛을 본 지 얼마나 지났다고……."

"시위대가 더 불어난 것 같은데?"

셀마 시 경계를 지키던 보안관들은 깜짝 놀랐습니다. 이틀 전만 해도 공포에 질려 흩어졌던 시위대가 오히려 몇 배나 늘어 또다시 행진하고 있었습니다.

이날 마틴은 행진의 선두에 섰습니다. 마틴이 이끄는 시위대는 이번에도 에드먼드 페터스 다리에서 보안관들에게 가로막혔습니다.

"시위대는 돌아가시오! 안 그러면 이틀 전과 똑같은 결과를 낳을 것이오!"

보안관들이 위협적으로 소리쳤습니다. 마틴은 시위대

를 멈추게 했습니다. 그는 단 한 명의 시위대도 다치게 하고 싶지 않았습니다. 그러나 다리를 건너가지 않으면 몽고메리 시로 갈 방법이 없었습니다. 마틴은 조용히 무릎을 꿇고 앉았습니다. 행진을 멈추고 기도를 올리는 마틴의 모습에 시위대도 함께 무릎을 꿇었습니다. 긴 정적이 흘렀습니다. 마틴은 기도를 마치고 일어서더니 시위대에게 외쳤습니다.

"돌아갑시다."

2천 명이 넘는 시위대가 술렁였습니다. 이 정도 규모라면 백인 보안관들을 뚫고 몽고메리까지 행진할 수 있을 듯했습니다. 그런데 여기까지 와서 다시 돌아간다니, 사람들은 마틴을 이해할 수 없었습니다. 마틴과 함께 시위대 앞쪽에 선 청년들이 말했습니다.

"목사님, 여기서 포기하는 겁니까? 이렇게 돌아서면 백인들은 우리를 겁쟁이로 볼 겁니다!"

마틴이 침착하게 말했습니다.

"저들을 뚫고 행진하면 폭력이 생길 수밖에 없습니다. 여기서 멈춰야 합니다."

"그래도……."

혈기왕성한 청년들은 마틴의 결정에 따르기를 망설였습니다. 그러나 곧, 결코 폭력으로 숭고한 시위의 의미를 더럽힐 수 없다는 마틴의 원칙을 인정했습니다. 시위대는 마틴과 함께 행진을 멈추고 돌아가기로 했습니다. 두 번째 거리 행진도 이렇게 실패하는 것 같아 보였습니다. 그러나 마틴의 결정은 폭력 사태를 미리 막았고, 평화의 원칙을 지키는 흑인들의 모습을 미국 전체에 보여 주었습니다.

며칠 뒤 미국 대통령 린든 존슨은 국회 연설을 통해 시위대에게 폭력을 쓴 셀마 시 보안관들을 날카롭게 비판했습니다.

"셀마 시와 앨라배마 주는 평화로운 시위를 폭력으로 진압해서는 안 됩니다. 또한 인종에 상관없이 미국인이라면 누구나 투표권을 가질 수 있어야 합니다."

존슨 대통령은 뒤이어 전 국민에게 투표권을 주는 법안을 국회에 올렸습니다. 마틴은 지금이야말로 셀마 시와 몽고메리 시를 잇는 행진을 다시 시작해야 한다고 생각했습니다. 법안이 결의될 수 있도록 힘을 보태야 했기 때문입니다.

그리하여 셀마 흑인들의 세 번째 행진이 시작됐습니다. 1965년 3월 21일의 일이었습니다. 나흘이라는 긴 시간이 걸린 힘겨운 행진이었습니다. 그러나 전국에서 모여든 2만 5천여 명의 인파는 86킬로미터에 달하는 거리를 지칠 줄도 모르고 걷고 또 걸었습니다. 존슨 대통령은 마틴과 시위대가 안전히 보호받도록 경찰을 보내 주기로 했습니다. 사흘 뒤, 시위대는 마침내 몽고메리 시에 있는 주의회 앞에 닿았습니다.

성공적인 행진 덕분에 존슨 대통령이 의회에 올린 투표권 법안은 몇 개월 뒤인 8월 6일 통과되었습니다. 그 뒤로는 남부 지역의 흑인들도 자유로이 투표할 수 있게 되었습니다. 이듬해에는 남부 최초의 흑인 보안관이 뽑히기도 했습니다.

셀마에서의 승리 뒤 마틴은 참으로 오랜만에 가족들과 저녁을 보냈습니다. 민권 운동에 뛰어들면서 가족들과 함께하는 시간이 거의 없었던 마틴은 늘 아내와 세 아이들에게 미안하기만 했습니다. 그날 마틴은 마음속으로 기도를 드렸습니다. 흑인들이 투표권을 보장받았으니 이제 마틴의 싸움은 끝난 것만 같았습니다. 이제는 가족들 곁으로 돌아갈 수 있는 듯했습니다.

'하느님, 이제 제가 할 일이 끝났습니까?'

그러자 곧바로 뉴스 방송에서 끔찍한 소식들이 들려왔습니다.

-지금 베트남 전쟁은 점점 심각해지고 있습니다. 미국과 러시아가 전쟁에 개입한 탓입니다.
-미국 북부에서는 흑인 빈곤율이 점점 높아지고 있습니다.
-여러 도시에서 흑인들의 폭동이 일어나고 있습니다.

세상은 아직도 고통과 불평등으로 병들어 있었습니다. 마틴은 결코 흑인들에게 자유와 평등을 찾아 주고자 한 자신의 싸움이 끝나지 않을 것임을 예감했습니다. 이 땅에서 생을 다할 때까지 말입니다.

10. 끝나지 않은 꿈

 1968년 4월 3일이었습니다. 미국 남부에 있는 멤피스라는 도시에 수많은 사람들이 모였습니다.
 "킹 목사가 왔다고?"
 "그래, 멤피스 흑인 청소부들을 위해 연설한다더군."
 '킹 목사'라는 말에 흑인들의 얼굴에는 금세 커다란 미소가 피어났습니다.
 "이럴 때가 아니지. 어서 교회로 가야겠어."
 "그래, 목사님을 직접 볼 수 있는 기회니까 말이야!"
 입에서 입으로 킹 목사에 대한 이야기가 퍼졌습니다. 흑인들은 하던 일을 멈추고 벅찬 발걸음으로 뛰어나왔습니다. 어느새 작은 교회는 발 디딜 틈도 없이 가득 찼습니다. 흑인뿐 아니라 백인들도 마틴의 연설을 듣기 위해 모였습니다. 그렇게 모인 인파는 2천여 명에 이르렀습니다.

이날에 앞서 3월에 마틴은 흑인 청소부들의 파업에 힘을 실어 주기 위해 테네시 주에 있는 멤피스 시를 방문했습니다. 흑인 청소부들은 백인 근로자보다 터무니없이 적은 돈을 받고 일했습니다. 마틴은 그들의 고통을 못 본 척할 수 없었습니다. 그날 마틴은 청소부들과 함께 거리 행진을 벌였습니다. 그리고 멤피스 시민들에게 흑인 청소부들이 받는 차별을 호소하기 위해 며칠 후 다시 돌아온 것이었습니다.

마틴의 연설 시간이 가까워지자 소박한 악기를 든 악단이 연주를 시작했습니다. 교회에 모인 사람들은 한껏 들떠 있었습니다. 드디어 마틴을 직접 보게 되었으니까요.

그런데 마틴은 제시간에 맞춰 도착하지 못했습니다. 그는 연설을 하기로 한 시각에서 두 시간이나 지난 뒤에야 연단에 모습을 드러냈습니다. 마침내 그가 사람들 앞에서 입을 열었습니다.

"여러분, 늦게 도착하게 되어 죄송합니다. 제가 타고 온 비행기가 폭파 위협을 받는 바람에 출발이 늦어지고 말았습니다."

마틴이 민권 운동가로 이름을 날릴수록 그를 아니꼽게 바라보는 백인 우월주의자들의 위협은 더욱 거세졌습니다. 그가 베트남 전쟁에 반대하며 뉴욕에서 시작한 평화 행진에는 무려 25만여 명의 인파가 함께했습니다. 또한 마틴은 미국 북부에 사는 흑인들의 뿌리 깊은 가난을 타파하기 위해 끝없이 목소리를 높였습니다. 백인 우월주의자들은 하루가 다르게 커져 가는 흑인들의 목소리에 위협을 느꼈습니다. 그리고 이제는 흑인들의 지도자인 마틴을 없애기 위해 발버둥 쳤습니다. 덕분에 마틴은 어디를 가나 생명의 위협을 받았습니다. 그러나 그는 더 이상 두렵지 않았습니다.

"저도 남들처럼 오래 살고 싶습니다. 그러나 지금은 그런 것에 신경 쓸 겨를이 없습니다. 어쩌면 저는 여러분과 함께 이 땅에 진정한 자유와 평등이 올 날을 못 볼지도 모릅니다. 하지만 여러분은 그날을 꼭 보게 될 것입니다."

그가 공항에서 생명의 위협을 받았다는 말에 숙연해졌던 청중들은 이내 당당한 마틴의 태도에 박수를 쳤습니다. 기묘하게도 마틴의 이 연설은 그의 생애 마지막 연설이 되었습니다. 그가 남긴 연설은 마치 자신의 죽음을 예감한 것 같았습니다.

다음 날이었던 1968년 4월 4일, 마틴은 호텔에서 몇 시간 뒤에 있을 또 다른 연설을 준비하고 있었습니다. 마침 호텔 밖 큰길로 그의 친구 벤이 지나가고 있었습니다. 마틴은 발코니로 나와 벤을 불렀습니다.

"이봐, 벤! 오늘 저녁에 어떤 찬송가를 부를 생각인가?"

가수인 벤은 마틴이 이끄는 저녁 행사에서 찬송가를 부를 예정이었습니다.

"아직 고민 중이야!"

벤은 고개를 갸우뚱하며 말했습니다.

"그럼 '주여 이 손을 잡아 주소서'를 꼭 불러 주게나. 아주 멋지게 말이야."

마틴은 벤에게 손을 흔들고는 방으로 들어가려 몸을 돌렸습니다. 바로 그때 '팡' 하고 커다란 총성이 울렸습니다.

"오, 이런! 마틴!"

마틴의 호텔 방에 함께 있던 동료들이 발코니로 뛰어나왔습니다. 누군가가 쏜 총알이 마틴의 목을 관통한 것이었습니다.

─흑인 민권 운동 지도자 마틴 루서 킹 주니어, 서른아홉의 나이로 눈을 감다.

─범인은 탈옥수 제임스 얼 레이.

그의 죽음은 속보로 온 세계에 전해졌습니다. 마틴의 가족과 동료들은 그의 죽음을 믿을 수가 없었습니다. 그는 너무나 젊었고, 그가 이끄는 흑인 민권 운동이 미국을 크게 변화시키고 있었기 때문입니다. 마틴을 쏜 암살범은 사흘 만에 체포되었습니다. 제임스 얼 레이라는 40세의 백인 남성이었습니다. 가짜 여권을 이용해 영국으로 도망

쳤던 그는 살인죄로 99년형을 선고받았습니다.

　며칠 뒤 마틴의 장례식이 워싱턴에서 열렸습니다. 워싱턴에는 전국에서 모인 길고 긴 추모 행렬이 밀려들었습니다.

　킹 목사가 좋아하던 찬송가가 온 거리에 구슬프게 울렸습니다. 장례식장에는 그가 지난겨울에 했던 설교가 틀어져 있었습니다. 그리운 그의 목소리가 장례식장을 가득 채웠습니다.

　"내가 죽거든 나를 위해 성대한 장례를 치르지 마십시오. 긴 연설도 필요 없습니다. 또 내가 노벨상 수상자라는 것과 유명 인사였다는 사실도 언급하지 말아 주십시오. 그런 것들은 하나도 중요하지 않습니다. 다만, 마틴 루서 킹은 많은 이를 사랑했으며, 배고픈 사람에게 먹을 것을 주고 헐벗은 사람에게 입을 것을 주기 위해 애썼다고, 오직 인간답게 사랑하기 위해 일생을 바친 사람이었다고 기억된다면 좋겠습니다."

　그 후 미국은 매년 1월 셋째 월요일을 '마틴 루서 킹의 날'로 정하여 그의 숭고한 삶을 기념하고 있습니다. 그가 세상을 떠난 지 50여 년의 시간이 지났지만 전 세계에는 아직도 피부색과 인종, 성별과 종교로 인한 차별이 뿌리 깊이 남아 있습니다. 마틴이 사랑했던 미국 국민뿐 아니라, 전 세계인이 인간답고 자유롭게 살아가는 그날까지 그의 꿈은 이제 우리의 꿈이 되어 이어질 것입니다.

역사인물 돋보기

마틴 루서 킹 (1929~1968)

세계에서 가장 위대한 민권 운동가
마틴 루서 킹은 어떤 시대에 살았으며
인종 차별이 뿌리내린 미국 사회를
어떻게 변화시켰을까?
차별과 억압받는 흑인들의 권리를 찾기 위해
끝까지 평화적인 방법으로 싸웠던
마틴 루서 킹의 삶을
구석구석 살펴보자!

1. 마틴 루서 킹은 어떤 시대에 살았을까?

노예제와 백인 우월주의

아프리카 흑인들은 1619년 미국에 노예로 팔려 온 이후, 사람이 아닌 재산으로 취급받았습니다. 그러던 중 미국 남부에 쌀, 담배, 목화 등을 생산하는 대농장이 확대되면서 백인들은 더 많이 노예를 사들였습니다. 그렇게 흑인 노예가 많아지자 백인들은 노예들이 폭동을 일으킬지 모른다는 불안감으로 노예를 더욱 가혹하게 대했습니다. 점점 부유해진 남부 백인들은 노예제를 계속 유지시키려고 흑인은 열등하므로 백인이 흑인을 지배해야 한다고 주장했습니다.

노예 시장

남북 전쟁과 노예제 폐지

영국의 식민 통치에서 독립한 미국은 1776년에 '모든 인간은 평등하고 자유와 생명과 행복을 추구할 권리가 있다'는 독립 선언을 발표했습니다. 그 여파로 미국 북부에

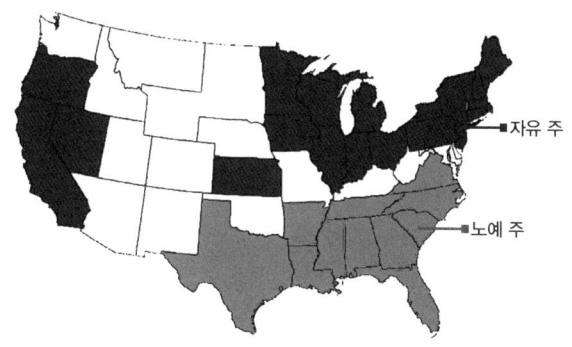

남북 전쟁 지도(1865)

서는 인간을 노예로 부리는 일에 대한 반성이 일어났습니다. 하지만 노예제로 큰 이익을 얻고 있던 남부 사람들은 그렇지 않았습니다. 이윽고 1860년에 노예제를 반대하던 링컨이 대통령이 되자 남부의 11개 주가 미국 연방에서 탈퇴하며 남북 전쟁이 일어났습니다. 1865년 남부군이 항복함으로써 남북 전쟁은 끝이 났고, 공식적으로 미국에서 노예제가 폐지되었습니다.

KKK단과 흑백 분리법

노예제가 폐지되자 흑인들은 투표도 하고 교육도 받게 되었습니다. 하지만 남부 백인들은 자유로워진 흑인들이 자기 분수를 모른다며 못마땅하게 여겼습니다. 법이 바뀌

KKK단의 행진

었다고 사람들의 생각도 바뀐 것은 아니었기 때문입니다. 그래서 백인 비밀 단체인 KKK(Ku Klux Klan)단은 흑인들에게 폭력을 가하고 살인을 저지르는 등 공포심을 일으켰습니다. 급기야 남부 주들은 흑인들이 투표를 할 수 없도록 제한을 두고 학교, 식당, 기차, 묘지 등 삶의 모든 부분에서 백인과 흑인을 분리시키는 흑백 분리법을 만들었습니다. 이로 인해 노예제가 폐지된 이후에도 미국 남부에는 인종 차별이 굳건히 남아 있었습니다.

2. 쏙쏙! 키워드 지식 사전

민권 운동

 민권이란 한 나라의 국민이 가지는 당연한 권리입니다. 노예제가 폐지되면서 흑인도 미국 시민이 되었지만 새로운 차별법인 흑백 분리법으로 시민의 권리를 가질 수 없었습니다. 여전히 백인은 흑인을 폭행하거나 살인하더라도 가벼운 벌을 받았고, 흑인이 열심히 공부를 하더라도 백인들과 같이 성공할 수 없었습니다. 그래서 흑인들은 흑백 분리법을 폐지시키고 평등한 시민으로 살아가기 위해 다양한 운동을 벌였습니다. 그중에서도 비폭력 민권 운동을 벌였던 마틴 루서 킹은 흑인 민권 운동의 지도자로 많은 지지를 받았습니다.

투표권

 투표를 할 수 있다는 것은 한 나라의 대표자를 선택하는 권리로서, 그 나라의 주인이라는 뜻입니다. 한 나라의 일을 도맡아 하는 공무원을 그 나라 시민이 뽑는 것이 투표이기 때문입니다. 미국에서는 노예제가 폐지된 후 흑인들도 투표권을 가지고 있었습니다. 그러자 남부의 주들은

흑인들이 투표를 못하도록 법을 만들거나 다양한 방법으로 방해했습니다. 마틴 루서 킹이

셀마 행진

함께했던 세 차례에 걸쳐 일어난 셀마 행진은 흑인들의 투표권을 되찾기 위한 운동이었습니다.

노벨 평화상

다이너마이트를 발명한 스웨덴의 화학자 알프레드 노벨은 자신의 발명품이 나쁘게 쓰일 것을 걱정한 평화주의자였습니다. 그는 과학, 문학, 세계 평화 분야에서 뛰어난 업적을 이룩한 사람들에게 1901년부터 상을 주기 시작했습니다. 마틴 루서 킹은 35세에 노벨 평화상을 받았으며, 당시로서는 가장 젊은 수상자였습니다.

노벨상 메달

3. 마틴 루서 킹에게 영향을 미친 사람들

헨리 데이비드 소로(1817~1862)

헨리 데이비드 소로

미국의 철학자이자 작가였던 소로는 사람은 각자의 양심에 따라 행동해야 한다고 생각했습니다. 특히 그는 사람을 사고파는 노예제에 반대했습니다. 그래서 자신의 양심에 따라 노예제를 유지하는 국가에 반대하는 의미로 세금을 내지 않아 감옥에 갇히기도 했습니다. 그렇게 감옥에 갇힌 소로는 부정한 국가에서 감옥은 정의로운 사람이 있어야 할 장소라고 말하기도 했습니다. 마틴 루서 킹도 소로와 같이 부당한 법은 법이 아니라고 생각했습니다. 그래서 흑백 분리법처럼 도덕적이지 못하고 사람의 인격을 짓밟는 법은 부당한 법이기에 흑인의 출입이 금지된 곳에 앉아 있는 연좌 운동을 벌이기도 했습니다.

마하트마 간디(1869~1948)

인도의 위대한 지도자로 손꼽히는 간디는 영국의 식민 지배 아래서 '비폭력 불복종 운동'을 주장하며 인도의 독립 운동을 이끌었습니다. 폭력을 휘두르는 지배자의 마음을 폭력 없이 자기희생과 사랑으로 바꾸려고 했던 간디의 방법은 평화적인 파업, 납세 거부, 영국 상품 불매 운동, 영국에 대한 협력 거부 등으로 이루어졌고, 이로 인해 감옥에 갇히기도 했습니다. 하지만 어떤 폭력도 사용하지 않은 간디의 투쟁 방법으로 인도는 독립을 이루어 냈습니다. 마틴 루서 킹은 인도를 여행하며 인도 사람들에게 영국에 대한 미움과 원한이 남아 있지 않는 것을 보고 비폭력적인 방법으로 흑인들의 자유를 찾겠다고 결심했습니다.

마하트마 간디

4. 한눈에 보는 마틴 루서 킹의 발자취

1929년 미국 남부 조지아나 주에 있는 애틀랜타 시에서 태어났습니다.

1954년 앨라배마 주 몽고메리에 있는 한 교회에 목사로 취임했습니다.

1955년 로자 파크스 부인이 흑백 분리법 위반죄로 체포되자 버스 안 타기 운동을 벌이기 시작했습니다.

1956년 체포되거나 집이 폭파되는 등 혹독한 일을 당했지만, 결국 흑백 분리법이 잘못되었다는 법원의 판결로 버스 안 타기 운동은 끝이 났습니다.

1963년 워싱턴 평화 행진에서 '나에게는 꿈이 있습니다'라는 유명한 연설을 했습니다.

1964년 노벨 평화상을 수상했습니다.

1965년 앨라배마 주 셀마 시에서 흑인들의 투표권을 위해 시위를 주도했습니다.

1967년 빈민들을 위한 '가난한 사람들의 운동'이라는 새로운 민권 운동을 시작했습니다.

1968년 멤피스에서 암살당했습니다.

1986년 미국 의회에서 1월 셋째 주 월요일을 '마틴 루서 킹 기념일'로 지정했습니다.

역사를 바꾼 인물들은 도전과 열정으로 역사를 바꾼 인물들의 일생을 만날 수 있는 시리즈로 아이들의 마음밭에 내일의 역사를 이끌어 갈 소중한 꿈을 심어 줍니다.

❶ **이순신**, 거북선으로 나라를 구하다 박지숙 | 학교도서관사서협의회 추천도서
❷ **김구**, 통일 조국을 소원하다 박지숙 | 학교도서관사서협의회 추천도서
❸ **루이 브라이**, 손끝으로 세상을 읽다 마술연필 | 학교도서관사서협의회 추천도서
❹ **세종 대왕**, 세계 최고의 문자를 발명하다 이은서 | 〈국어〉 교과서에 작품 수록
❺ **정약용**, 실학으로 500권의 책을 쓰다 박지숙 | 학교도서관사서협의회 추천도서
❻ **민병갈**, 파란 눈의 나무 할아버지 정영애 | 아침독서 추천도서
❼ **이회영**, 전 재산을 바쳐 독립군을 키우다 이지수 | 〈국어〉 교사용 지도서에 작품 수록
❽ **노먼 베쑨**, 병든 사회를 치료한 의사 이은서 | 학교도서관사서협의회 추천도서
❾ **장영실**, 신분을 뛰어넘은 천재 과학자 이지수 | 학교도서관사서협의회 추천도서
❿ **마틴 루서 킹**, 나에게는 꿈이 있습니다 이지수 | 아침독서 추천도서
⓫ **신사임당**, 예술을 사랑한 위대한 어머니 황혜진 | 학교도서관사서협의회 추천도서
⓬ **헬렌 켈러**, 사흘만 볼 수 있다면 황혜진 | 어린이철학교육연구소 선정도서

이지수 서울에서 태어났으며 숙명여자대학교에서 불어불문학을 공부했습니다. 2009년 서울시 주최 '해치 창작동화' 공모전과 2011년 환경부 주최 '나무로 만든 동화' 공모전에 동화가 당선되어 창작 활동을 시작했고, 오랫동안 아동청소년문학 전문 기획 및 편집자로 활동하며 어린이와 청소년을 위해 유익하고 감동적인 책을 펴냈습니다. 지은 책으로는 『이회영, 전 재산을 바쳐 독립군을 키우다』, 『장영실, 신분을 뛰어넘은 천재 과학자』, 『마틴 루서 킹, 나에게는 꿈이 있습니다』가 있습니다.

김주경 대학에서 디자인을 공부한 뒤 어린이 책에 그림을 그리고 있습니다. 그린 책으로 『별가족, 태양계 탐험을 떠나다』, 『고구려 평양성의 막강 삼총사』, 『첩자가 된 아이』, 『내 이름은 직지』, 『날아라, 삑삑아!』, 『노먼 베쑨, 병든 사회를 치료한 의사』, 『마틴 루서 킹, 나에게는 꿈이 있습니다』 등이 있습니다.